Lucie Dubert

BAHINI

Trois ans à la recherche de l'essentiel

YOUTH 4 CHANGE NETWORK

BÉNÉFICES

Les droits d'auteur de ce livre sont intégralement reversés à l'association Life Project 4 Youth dont la mission est l'insertion des jeunes exclus. Ceux qui souhaiteraient soutenir nos efforts peuvent se mettre en rapport avec Life Project 4 Youth sur le site de l'association : www.lp4y.org

Photo de couverture : Unisha Rai
Conception couverture et maquette : Christelle Besson, Lisa Bonnion
Editions Youth 4 Change Network
ISBN : 978-2-37608-011-4
Dépôt légal : 2e Trimestre 2022

A tous ceux qui hésitent encore...

PREFACE

Action… Engagement… Impact… Autant de mots qui nous interrogent et qu'il semble parfois difficile de faire résonner. Qu'est-ce qui motive la décision de prendre un chemin plutôt qu'un autre ? Une inclination au moins unit celles et ceux qui s'engagent avec une organisation du type de Life Project 4 Youth : tous, à un moment donné de leur existence, se sont posé la question « Pourquoi ? »

Life Project 4 Youth (LP4Y) est un mouvement international ayant pour objectif l'inclusion sociale et professionnelle de jeunes adultes issus de l'extrême pauvreté. Depuis douze ans, ceux qui ont affaire à LP4Y - volontaires sur le terrain, bénévoles, partenaires et jeunes (hommes et femmes) - travaillent à lier deux « mondes » que l'on imagine trop souvent imperméables, celui de l'exclusion, des bidonvilles, des déshérités, et celui des opportunités, du travail « décent », des actifs.

S'engager à plein temps avec LP4Y, cela signifie s'exposer, faire le choix de la curiosité. Un pays lointain, des imprévus, la complexité d'une nouvelle culture, des conditions climatiques difficiles, une lumière spectaculaire, des manières de travailler inédites, des motivations différentes, et finalement des rencontres, beaucoup de rencontres… Partir à l'autre bout du monde dans un bidonville lorsque l'on n'a pas 30 ans et des diplômes en poche, on peut trouver cela « courageux » ou bien « complètement fou » ; en réalité, c'est aussi évident que rationnel lorsque, comme Lucie, on a terriblement envie de vivre et de vivre joyeusement qui plus est ! Cette soif de vie, c'est d'ailleurs ce qui guide le parcours des jeunes adultes qui suivent les programmes LP4Y, le carburant qui leur donne la force de se battre dix fois plus que les autres pour construire une existence qu'ils auront choisie.

Lucie, qui a suivi un cursus hôtelier en Suisse, a 25 ans au moment où elle prend la décision de quitter son travail et de s'engager avec LP4Y. Dans le récit qui suit, elle revient sur trois années de mission à Bangalore et à Katmandou à apprendre tous les jours des jeunes femmes qu'elle encadre. Avec beaucoup d'humour et une vraie justesse de perspective, Lucie nous livre son parcours et les réflexions qui en sont nées. En découle l'exposé d'une force d'émerveillement qui loin d'être facile et naturelle, se cultive et s'approfondit face aux autres et aux types de rapports qui nous unit à eux.

Regarder, écouter, considérer, tout cela s'apprend et, non content de produire de la joie, nous rend aussi plus intelligents !

Rachel Cisinski
Volontaire en Inde et au Liban, de 2019 à 2021

« La Joie [...] est bien plus grande que le bonheur.
Alors que le bonheur est souvent dépendant
de facteurs extérieurs, la joie ne l'est pas »
Desmond Tutu

Ce livre est un récit basé sur des faits réels. Pour préserver l'intimité de certaines personnes leur noms ont été changés.

INTRODUCTION

Je marche dans cette rue que je connais si bien. Le vacarme ambiant accompagne mes pensées. Je passe devant l'arrêt de bus. Comme toujours, le chauffeur crie aux passants la destination de son trajet : « Ratna park… Ratna park… Ratna park », mais sa voix se perd dans le bruit des voitures. De toute façon, mon attention est ailleurs.

Nous sommes le mardi 11 août 2020. Cela fait trois ans que je suis en mission en Inde et au Népal en tant que volontaire pour le mouvement international Life Project 4 Youth (LP4Y). D'avenant de contrat en avenant de contrat, je n'ai jamais pu me décider à rentrer. Dès mon départ et sans même avoir jamais mis un pied en Inde, je me projetais déjà. J'anticipais toutes les difficultés et les décalages que j'aurais à vivre en rentrant. Treize mois de coaching à Bangalore se sont ainsi transformés en un an et demi ; puis, une fois lancée, je n'ai pu résister à la proposition de partir au Népal. Cette vie qui, avant de partir, paraissait inconnue et exotique est devenue mon quotidien, mon chez moi, ma nouvelle zone de confort. Alors, comment être sûre que rentrer n'est pas une erreur ? Aujourd'hui, 3 ans plus tard, toujours emplie de doute, de questionnements et qui plus est dans une période covidement incertaine, je décide de prendre un vol charter pour rentrer en France. Mon vol est dans trois jours. Ma nostalgie vire au mélo : « Mon dernier repas... mon dernier footing... mon dernier weekend... » Bref, je deviens difficile à suivre pour mes colocs auprès desquelles je me plains à longueur de journée. Je décide donc d'aller prendre l'air et d'effectuer mes emplettes de fin de mission. Pas question de partir sans un de ces petits trésors essentiels. Pour moi, c'est un service de thé à l'indienne comprenant une théière accompagnée de petits verres, et une structure en fer forgé portant le tout. C'est l'attirail obligatoire des chaï walla[1]. Ils passent dans les trains, les gares, parcourent les rues et signalent leur présence par un cri, le « chaaaaaaaaaaï » légendaire lancé aux passants. En éternelle optimiste quant aux capacités d'accueil de mes valises, je me dis que c'est ce souvenir que je veux rapporter ! Je passe d'abord chez le marchand de verre qui m'en vend six. Jusque-là pas de difficulté. Je vogue ensuite d'une boutique à l'autre à la recherche d'une théière et du support en fer forgé. Pas facile à trouver quand on ne connaît pas le terme précis en népalais ; mais je ne me démonte pas. Trois ans de volontariat chez LP4Y ont fait de moi la reine des mimes, des grimaces et autres gestuelles qui, s'ils rendent hilares mes interlocuteurs, me permettent en général d'arriver à mes fins. Après plusieurs tentatives infructueuses, j'arrive dans un petit hangar où je me lance une nouvelle fois dans mon interprétation théâtrale du chaï walla avec pour public deux népalais déconcertés. Sans succès cette fois-ci ! On appelle le propriétaire qui parle un peu anglais. Eurékâ, il a compris ! Je passe commande et j'enregistre son numéro de téléphone sous le nom Iron man[2]. Très gentiment et sans doute un peu intrigué par cette étrangère qui se prend pour

1 Vendeur de chaï ambulant
2 Homme de fer, nom d'un héros Marvel

une chaï wallette, il m'accompagne à la boutique de théières pour s'assurer que je fais le bon choix. Mais au moment de sortir mon portefeuille, catastrophe ! Il n'est ni dans mon sac, ni dans mes affaires, nulle part. La panique me prend car dans mon portefeuille il y a… mon passeport. À trois jours du départ, en pleine crise COVID, je suis à Katmandou… sans passeport ! Je laisse tout en plan : Iron man, les théières, et je pars en courant. D'une boutique à l'autre, j'assaille les vendeurs : « Did you see my wallet ? Please please check ! Paisa[3], passeport, topi wallet please check. »

Au fur et à mesure de mes déconvenues, mon cœur s'accélère, je ne contrôle ni ma respiration ni mes larmes. En quelques minutes je suis passée d'une habitante civilisée à une énergumène reniflante, cherchant dans le regard des passants un peu de compassion. À voix haute, je me répète que ce n'est pas possible, que je vais le retrouver, que je ne peux pas terminer ma mission comme cela, bloquée au Népal. J'arrive enfin là où je l'ai sorti pour la dernière fois, chez le marchand de verre. Mais en passant le pas de la porte, je ne trouve pas dans son regard l'expression espérée, les yeux qui auraient dit « Ah vous voilà, regardez ce que j'ai trouvé ! » Non, pas de passeport, pas d'espoir. Rien.

Et maintenant quoi ? Que faire ? Demander à la police de faire une annonce dans les hauts parleurs du quartier ? Appeler l'ambassade ? Aucune solution efficace ne me vient à l'esprit. Je remonte la rue, épiant chaque coin, chaque recoin. Je n'arrive pas à admettre que l'on ait pu me voler mon portefeuille. J'ai passé trois ans à vivre au plus proche des jeunes dans des bidonvilles, à combattre les préjugés et à revoir les miens. J'ai passé tant de temps à prêcher la sûreté du Népal et de l'Inde, à

3 Argent

admirer l'honnêteté des gens et comme un retour de manivelle je me fais voler, maintenant ? Je n'en reviens pas ! De toute façon je ne peux plus rien faire d'autre qu'accepter…

Je suis assise sur le trottoir, la tête dans les mains, désespérée. Paralysée par une crise de larmes, je remets en question mes grands principes, lorsque mon téléphone sonne. En voyant s'afficher un numéro inconnu, je prends soin de ne pas m'emporter. N'importe qui pourrait être au bout du fil, un partenaire, un jeune… D'un côté, je prie pour un miracle, de l'autre je me raisonne. Quelle est la probabilité que cet appel, passé au moment où je commence à perdre tout espoir, me sorte de cette situation tragique ?

— Lucie Ma'am ? I have your purse.

Je tremble. Je n'en reviens pas. La situation me paraît bien trop parfaite. Prudente, je demande :

— Are you sure madam ? Can you check inside ? Is there my passport inside ?

— Yes yes ma'am, passport is there. Where we meet ?

Je lui propose immédiatement de la retrouver devant le supermarché le plus proche. Pourtant mystérieusement on me répond :

— Come to Bouddnath !

Alors là, je ne comprends vraiment plus rien !

C'est à cet instant que mon histoire prend une tournure singulière, presque mystique. À Katmandou, le Green Village (GV) dans lequel j'ai rempli ma mission depuis septembre 2019, est situé au nord de la ville dans un quartier appelé Budhanilkantha. Plutôt résidentiel, et au plus proche des collines qui entourent la vallée, on y vient pour courir, pour se ressourcer. C'est un quartier calme sans ruelles enchanteresses ni temples centenaires. Non, à Katmandou, là où les rues vibrent du chant des moines, le quartier aux milles senteurs, c'est Bouddnath. Autour du grand Stupa, l'un des plus célèbres sanctuaires bouddhistes, s'articule un dédale d'échoppes étranges où l'on vend gris-gris, encens, tissus et drapeaux tibétains. C'est un lieu paisible et silencieux malgré la foule qui s'y perd. C'est comme si, en passant la grande porte d'entrée, chacun sait qu'ici, tout se fait à voix basse, que le charme de l'endroit n'opère que dans le silence et l'écoute. Touristes et moines, déambulant dans ce circuit sans fin, viennent y faire tourner les rouleaux de prières… Mais surtout c'est un quartier qui se trouve à 40 minutes de Budhanilkantha, l'endroit où je me trouve actuellement ! Déjà inquiète de la tournure des évènements, je deviens carrément suspicieuse en entendant cette proposition de se retrouver à Bouddnath. Qu'est ce que mon portefeuille fait si loin ? Me voyant fébrile, Iron man que j'ai retrouvé sur la route, me prend le téléphone des mains, discute 5 minutes en népalais et sans sourciller, me dit : « Come on my bike, I bring you to Bouddnath. »

À dos de moto, je traverse cette ville dans laquelle j'ai vécu tant de moments extraordinaires. Il y a 5 minutes, j'étais persuadée que je n'allais pas pouvoir rentrer chez moi, revoir ma famille comme prévu. Bloquée à Katmandou, je n'avais plus qu'une envie, c'était de partir. Et maintenant que j'entrevois une solution, que j'envisage la fin de ce calvaire, ma perspective bascule et je regarde la ville défiler avec mélancolie. Approchant Bouddnath je me demande le sens de cette dernière péripétie. Quel message, quelle leçon retenir ?

Nous arrivons enfin. Deux vieilles dames tout sourires nous font de grands signes, mais aucun signe de mon portefeuille. Plusieurs scénarios me trottent alors dans la tête. Ont-elles vraiment mon portefeuille ? Pourquoi ne l'ont-elles pas apporté au point de rendez-vous ? Vont-elles me demander de l'argent en échange ? Est-ce une arnaque ?

Nous descendons de la moto et, toujours aussi joviales, les vieilles dames nous demandent de les suivre. Elles me racontent qu'elles sont indiennes, installées à Katmandou depuis l'enfance. Nous quittons vite le dédale de petites rues pour prendre des raccourcis qui nous mènent jusqu'à... un bidonville. Sur un terrain vague, quelques maisons en tôle collées les unes aux autres, et toute une famille qui m'accueille sourires aux lèvres, m'invitant à l'intérieur de sa maison. Avec générosité, les femmes s'affairent immédiatement à la préparation du chaï ! Et enfin, en riant de plus belle, elles m'apportent mon portefeuille en précisant : « Check that everything is there ok ! », sur ce ton à la fois autoritaire et bienveillant, typique des femmes indiennes. J'ouvre, tout y est, mon passeport, ma carte bleue, mon argent liquide, tout.

Sweetie me raconte alors que son fils de 12 ans, Hashish, se trouvait à Budhanilkantha pour vendre des masques aux passants, quand il a vu mon portefeuille qui trainait par terre. Voyant qu'il contenait 3000 roupies (25 €), soit l'équivalent de 300 masques vendus, il a appelé sa mère pour lui demander ce qu'il devait faire. Devait-il prendre les sous ? Sa mère lui demanda de rentrer immédiatement pour essayer de trouver un numéro de téléphone. Elle me tend alors ma carte de visite LP4Y : « This is where I found your number ! »

Elle me raconte ensuite que le confinement a été extrêmement difficile pour elle et sa communauté, qu'il n'y a plus de travail, plus d'argent et que les ONG locales ne les aident pas car personne n'a de carte d'identité népalaise. Ils sont donc privés d'aide et de distribution de nourriture. Je l'écoute attentivement tout en cherchant parmi les partenaires de LP4Y au Népal qui pourraient les aider. Puis je lui explique, que les jeunes femmes entre 17 et 24 ans pourraient intégrer le Green Village, ou le Life Project Center (centres de formation de LP4Y), que l'on reviendra faire de la mobilisation dans le quart qu'on fera notre possible pour la mettre en relation av personnes et des associations qui pourront les aider.

Assise sur l'unique lit de la famille, entourée des enfants et des deux femmes, je comprends le sens de cette folle aventure. Ce miracle… Il fallait que je vive ces rencontres encore une fois. Flash back sur les instants forts de ma mission, je revois défiler les moments passés avec les jeunes et leur famille, les séances de mobilisation dans les communautés, les incompréhensions et les éclats de rire. Et moi, en extrême privilégiée, j'ai le droit de passer le pas de la porte, de m'asseoir et de partager cet ultime moment de simplicité.

Après trois ans de volontariat, je me retrouve ici et maintenant, à partager le thé avec une famille indienne des plus humbles, vivant au Népal, parlant de LP4Y. Mes peurs du retour s'envolent, je ressens une immense gratitude. Quelle chance j'ai eu de vivre une telle expérience ! Combien de rencontres, de moments et d'images resteront gravés à vie dans ma mémoire ? Cette dernière aventure est le plus beau des cadeaux de départ ; le meilleur des souvenirs à rapporter dans ma valise.

***

Écrit par l'américain Douglas Abrams, *Le Livre de la Joie* restitue les échanges du dalaï lama et de l'archevêque anglican Desmond Tutu pendant l'une de leurs rencontres. Le journaliste reprend avec eux les obstacles à la Joie avant d'exposer huit piliers, huit clés, qui nous permettent de vivre pleinement et sereinement : Perspective, Acceptation, Humilité, Humour, Pardon, Compassion, Générosité, Gratitude. À travers mon expérience de volontaire, j'ai eu la chance de me rapprocher de ces piliers et d'en explorer les nuances. Cet ouvrage a pour but de recueillir des anecdotes et réflexions sur le rôle puissant du volontariat et de l'expérience interculturelle dans la compréhension des piliers de la Joie.

PERSPECTIVE

Contrat signé, vaccins à jour, tout est prêt ou presque car l'obtention de mon visa m'a donné du fil à retordre et m'a demandé de faire preuve de persévérance. J'arrive en Inde en retard et j'attaque les deux semaines de formation, épuisée mais surexcitée de rejoindre le reste de l'équipe. Ultra caféinée et le front perlant de sueur dans la chaleur de Delhi, je me concentre et, comme les autres, je regarde Jean-Marc, le co-fondateur de LP4Y. Debout devant un tableau blanc, il prend un feutre Velleda et dessine un point entouré d'un cercle et, à côté, un rectangle allongé puis lance à l'assemblée : « Que voyez-vous ? »

Perplexe, je fais marcher mon imagination. Jean-Marc, 60 ans, un tour du monde et 10 ans d'itinérance entre les différents centres LP4Y, m'apparaît comme un véritable guru. Chemise blanche, pieds nus, il retourne s'asseoir et regarde le groupe cogiter. À mon sens, l'explication ne peut être que pleine de sagesse. C'est sûr, avec cette vie remplie d'aventures extraordinaires, Jean-Marc va, grâce à ce dessin mystérieux, nous révéler des secrets ancestraux. Après 15 heures de vol et 4 heures de sommeil sous 45°C, je m'égare dans des interprétations confuses. Ce sont des signes tribaux indonésiens indiquant le sens de la vie… une recette tibétaine pour trouver le bonheur… ou peut-être une représentation védique de l'origine de l'univers. Mes co-volontaires ont l'air aussi inspirés que moi, mais insistent tout de même pour que Jean-Marc retouche son œuvre. Il se lève, revient à son dessin, l'efface, le refait presque à l'identique et questionne :

— Là, c'est plus clair ?

Toujours rien, personne n'ose passer pour l'ignorant de service. Accrochée à mon carnet, les yeux rivés sur lui, j'attends la révélation :

— C'est un stylo !

Un stylo ? Que veut-il dire ? Un stylo magique ? Est-ce une métaphore ? Sommes-nous tous les écrivains de notre propre vie ?

— Enfin non, ce n'est pas un stylo mais différentes façons de voir un stylo… En le regardant par le bout on ne voit que la mine, et vu d'en haut c'est simplement un rectangle. Il retouche une nouvelle fois son dessin, prend du recul, ferme un œil en artiste inspiré.

— Non ? Vous ne voyez pas mon stylo là ? Bon, oubliez ce dessin… Retenez juste que chacun voit le stylo de son propre point de vue, la seule perspective que vous connaissez vraiment, c'est la vôtre, et en mission, c'est pareil, chacun voit et interprète les choses à sa manière.

Rire général. L'explication est encore plus tordue que le dessin. Ma soif de sens ne sera pas rassasiée aujourd'hui.

L'expérience de volontariat pour LP4Y m'a conduite de nombreuses fois à changer de point de vue. Au contact des jeunes notamment mais aussi de tout l'écosystème construit autour d'eux. C'est un processus lent et laborieux de mettre son ego de côté pour laisser la place à la vision de l'autre. S'ouvrir à d'autres possibilités, d'autres interprétations est un exercice difficile. Comme beaucoup de gens, j'aime avoir raison. Or, voir les choses différemment et me remettre souvent en question a été une condition essentielle à la réussite de ma mission.

Plus qu'un simple concept, le changement de perspective est finalement devenu un thème récurrent de mon voyage, une ligne directrice qui m'a apporté de la joie, même face aux situations les plus épineuses. Mais à mon arrivée en Inde, j'étais encore bien loin de me prêter au jeu.

***

Engagée avec LP4Y aux côtés des personnes les plus pauvres et les plus exclues, je suis arrivée en Inde, mon sac rempli de convictions, fin prête à lancer le premier Life Project Center (LPC) à Bangalore. À mes côtés, Géraldine, mon binôme. Je l'ai rencontrée pour la première fois à Nantes, dans le cadre de notre préparation au départ. Nous ne connaissons rien l'une de l'autre, pourtant nous voilà lancées toutes les deux dans une sacrée aventure. Nous découvrons côte à côte, les temples colorés et les vaches vagabondes au milieu de la rue, les currys épicés et les trajets en rickshaw[4]. Très vite, Sheraldjin, comme l'appellent certains Indiens, deviendra ma meilleure alliée. Notre arrivée à Bangalore se fait dans l'action. Notre but est d'identifier une zone pour installer le nouveau centre et commencer dès que possible à former les jeunes.

Au fil de nos rendez-vous avec les acteurs locaux, nous comprenons que la pauvreté ici est beaucoup moins visible qu'à Kolkata, Mumbai et Delhi où les équipes de LP4Y ont déjà installé plusieurs centres. Beaucoup de Bangalorais s'étonnent

4 Tuktuk indien

d'ailleurs de notre recherche, pour eux il n'y a pas de bidonvilles à Bangalore. Nous ferions mieux de nous installer autre part. Dans cette ville en plein boom, devenue la troisième plus grande ville d'Inde en quelques dizaines d'années, la pauvreté est cachée, étouffée, ignorée. Cette population qui dérange, celles que LP4Y souhaite sortir de l'ombre, il nous a fallu creuser pour la rencontrer.

C'est finalement dans le quartier de Devarajeevanahalli (Djhalli) que nous décidons de nous arrêter, de poser nos valises et d'installer notre LPC. Djhalli est un bidonville qui rassemble 100 000 personnes ; de quoi donner tort à tous ceux qui doutent de l'existence de la grande pauvreté à Bangalore. Invisible, ce quartier est également exclu du reste de la ville en raison de sa communauté à majorité musulmane nichée au sein d'un État purement hindou, le Karnataka. Bien qu'ils soient installés depuis plusieurs décennies, les habitants y parlent hindi, urdu, la langue pakistanaise, mais rarement le kannada, la langue locale de cet État.

Arrivée à Djhalli, la transition est brutale. La belle route goudronnée font place à une bousculade de rickshaws. Les gratte-ciels en verre s'effacent à l'horizon et les minarets des mosquées surgissent peu à peu. Le chant du muezzin recouvre le bruit incessant des klaxons. Plus de gardiens à l'entrée de résidences ultra sécurisées, mais des enfants qui courent en toute liberté.

La plupart des maisons du quartier ont quatre murs en béton et un toit en tôle. Confinés dans ces petits cubes sombres, les habitants en profitent pour colorer l'extérieur à leur guise. Certaines rues sont de véritables mosaïques, de quoi égayer le noir des burquas. De manière générale, chaque image contraste avec la précédente. Au coin d'une rue, une petite église au clocher bleu jouxte une boucherie sanguinolente. Battes en main, les jeunes jouent bruyamment au cricket sur un sol truffé de déchets.

Les installations électriques sont très précaires et pourtant rares sont ceux qui vivent sans télévision. Au marché, l'odeur immonde des étalages de poissons installés en plein soleil laisse place, deux mètres plus loin, au parfum de la coriandre fraîche. Je constate la diversité de cet endroit, et peine à interpréter ce que je vois. Plus je découvre, moins je comprends. Vivre dans la maison la plus sommaire du quartier ne signifie pas être privé d'éducation. Être propriétaire de tout un immeuble n'exclut pas de faire sa vaisselle dans la rue. Impossible pour l'instant de savoir qui est riche et qui ne l'est pas. Tout se mélange dans un foisonnement de vie.

Une chose est sûre pourtant, ici, les hommes règnent en maîtres. Ils portent la barbe plutôt que la moustache et s'appliquent du charbon autour des yeux. Des Jafars menaçants ! Les dents rougies par le tabac mastiqué, leur apparence fait froid dans le dos. Pas de sourires polis mais des regards sévères qui semblent se demander ce qu'une femme blanche vient faire ici. Je me sens mal à l'aise, je détonne. J'aimerais à mon tour pouvoir me glisser dans une burqua… Mon intégration me paraît bien compliquée. Le quartier de Djhalli est bien un bidonville : la pauvreté y est flagrante, l'exclusion palpable. La violence de la vie est marquée sur les visages.

Mais alors, qu'est-ce qui a changé ma peur en émerveillement, ma pitié en gratitude ?

La raison d'être de LP4Y est d'accompagner les jeunes les plus exclus, les plus vulnérables, de les aider à trouver et garder un emploi décent (avec un contrat, des horaires et un salaire fixes, et si possible une couverture médico-sociale). Chaque centre mis en place en Asie vise un public différent déterminé en fonction des problématiques locales. Ainsi, il existe des centres réservés uniquement aux jeunes mamans, d'autres dédiés aux jeunes des rues, certains même aux prisonniers. À Djhalli c'est décidé, le centre sera ouvert exclusivement aux jeunes femmes. Pour faire connaître le projet dans le quartier et rencontrer les jeunes susceptibles de constituer la première équipe, nous partons à la rencontre des habitants, vêtues de notre beau polo orné du logo LP4Y. J'ai beau m'être imaginé ce moment à maintes reprises, avoir suivi une formation, être motivée pour enfin rencontrer ces jeunes, me lancer n'est pas facile. Toquer aux portes, se présenter, réussir à créer le contact malgré la barrière de la langue. La peur de l'inconnu. Je crains de déranger, d'être trop intrusive et d'encaisser les refus. Je marche sans trop savoir où je vais. Je déambule dans de petites ruelles. Plus j'avance plus les maisons s'enchevêtrent. Je prends une ruelle à droite et me retrouve dans la zone la plus précaire du quartier. Tout est en tôle ondulée. Les familles ont un accès limité et aléatoire à l'eau mais ce matin, par chance, les fontaines débordent. Les installations, branlantes, transforment la rue en véritable pataugeoire. Les femmes, en tongs et robe de chambre, cheveux imbibés d'huile de coco, attendent leur tour pour remplir leurs bassines. Certaines frottent déjà leurs vêtements avec vigueur, d'autres s'empressent de faire tremper les casseroles de la veille. Bref, pas le meilleur moment pour faire connaissance… Je croise le regard d'une jeune fille qui étend son linge, je m'élance courageusement à sa rencontre, baragouine les quelques mots d'hindi que j'ai appris et lui demande son âge. Mais elle me sourit, mal à l'aise, et retourne à ses occupations. Échec. Je poursuis mon chemin sans grande confiance. Je suis obnubilée par toute cette agitation lorsque j'entends :

— Which country ma'am ?

Je me retourne. Un homme est assis sur les marches de sa maison, bras croisés, en spectateur blasé. Lui n'a pas l'air très occupé.

— France

— Aaah, France ! Mbappe ! Je saute sur l'occasion et lui explique le projet.

— Je cherche des jeunes femmes de 17 à 24 ans qui ne vont pas à l'école et qui ne travaillent pas.

Il fait la moue et me regarde. Je souris comme je peux. Il se lève nonchalamment et comme dans un effort suprême, interpelle les femmes affairées. Certaines, concentrées à leur tâche quotidienne, ne lui prêtent qu'une oreille distraite, mais d'autres l'écoutent avec attention.

— My cousin's sister is 18, no work, no school, she can come ?

Une piste enfin ! J'interviens :

— Of course, of course, where is she ?

Voyant mon enthousiasme, la femme se lève, laisse en plan sa bassine et décide de me guider dans le dédale des baraquements. C'est parti ! Une procession animée nous suit, quelques femmes ayant privilégié la curiosité à la lessive, le fan de Mbappe et une foule d'enfants. Tous ensemble à la recherche de la cousin's sister en question. Je ne suis plus en terre inconnue. En entendant les gamins qui me lancent des « sister, sister ! » à tout va, j'ai plutôt l'impression d'une grande réunion de famille. Adoptée en moins de cinq minutes, je passe à peine le pas de la porte qu'on me met un bébé dans les bras. Les quelques dizaines de selfies prises avec chacun des voisins chassent mes appréhensions. On discute, on rit de nos difficultés à se comprendre. Je me laisse entraîner d'une maison à l'autre ; on m'y offre toujours quelque chose ; dans le meilleur des cas un thé, dans le pire un soda sucro-sucré ignoble. Je rencontre quelques jeunes femmes qui pourront rejoindre le programme mais surtout je m'immerge dans ce nouvel environnement, j'apprends à y être bien.

En seulement une après-midi de mobilisation, ma perspective a changé. Je n'aborde plus le quartier comme un environnement potentiellement hostile ou dangereux mais comme ma nouvelle maison avec plus de « mamans indiennes » que je ne l'aurais imaginé. Au fil des mois et grâce aux habitants, cette atmosphère me sera de plus en plus familière. Ce quartier sera mon point d'ancrage. Mieux, les barbus terrifiants deviendront de solides partenaires pour la création du centre. Il y aura Afzar, notre contact privilégié, toujours disponible pour nous faire rencontrer des jeunes motivés. Fier de sa devise « First eating after meeting ! », il fera du biryani[5] un passage obligatoire avant chaque rendez-vous. Il y aura Asif, le propriétaire du bâtiment et Siddiq qui le rénovera. Ma première impression effrayante, j'en ris maintenant. Les femmes m'ouvriront leur porte et m'expliqueront comment elles se battent au quotidien. Leur générosité et le rayonnement de leur sourire me feront presque oublier l'amoncellement d'ordures à côté desquelles elles vivent. Surtout il y aura les jeunes et leur famille, qui m'inviteront à bras ouverts pour partager leur quotidien, leurs difficultés et leurs succès.

***

En vivant à leurs côtés, je prends conscience des difficultés auxquelles les jeunes femmes font face. Certaines n'ont pas le droit d'aller seules au marché acheter des légumes et doivent systématiquement être accompagnées d'un homme. Pour d'autres, venir au centre est problématique, leur père refusant catégoriquement qu'elles s'éduquent. Convaincre les familles,

5 Plat indien à base de riz

parfois les jeunes elles-mêmes, des bénéfices du programme est une bataille de tous les jours. Quand les premières quittent le centre parce que leur famille a soudainement décidé de les marier, je doute du sens de ma mission. Chez LP4Y, le premier critère demandé aux jeunes est la motivation. Alors pourquoi donner tant de temps et d'énergie à un projet auquel elles-mêmes n'accrochent pas ? Changer de perspective(s), transformer mon regard afin de parvenir à me glisser, ne serait-ce que quelques courts instants, dans leur peau à elles, m'a demandé beaucoup d'efforts. À force d'échanges et de discussions avec les autres volontaires et notamment avec Pauline, ma coordinatrice de l'époque, j'en suis venue à réaliser que sans ce changement de positionnement, je n'arriverais ni à comprendre les jeunes, ni à faire mon travail correctement. En découvrant ce quartier invisible, peuplé d'exclus, en constatant de mes yeux d'occidentale les inégalités révoltantes, j'étais convaincue de la légitimité de ma présence. Il me paraissait évident que les jeunes femmes accourraient au centre, qu'elles sauteraient sur cette opportunité de formation professionnelle. Or ce n'était pas le cas. Quelle déception ! J'étais en train de comprendre l'ampleur réelle de leur exclusion.

Ce que nous demandons à ces jeunes femmes est en réalité inouï. Devenir indépendante, autonome, responsable, entreprendre, bâtir par soi-même et pour soi-même un projet de vie alors que votre père refuse ne serait-ce que de vous laisser sortir seule dans les rues de votre quartier, n'a en effet rien d'évident. Leur seul quotidien connu est celui des tâches ménagères. Sans aucun espace à elles, elles n'ont jamais eu l'opportunité d'exprimer leurs opinions ou leurs ambitions. Depuis toujours, leur chemin de vie est de devenir la femme de quelqu'un. Et du jour au lendemain, une étrangère, blanche, en kurta[6] leur demande avec un grand sourire de se lever le matin, d'avoir des responsabilités, des obligations, de parler anglais, d'être à l'heure et professionnelle. Quel bouleversement !

Parce que rien dans la société à l'intérieur de laquelle ces jeunes femmes ont grandi ne les pousse à prendre leur indépendance, elles en viennent à se freiner elles-mêmes. Mon travail, en tant que coach, n'est donc pas simplement de les accueillir chaque jour au centre, mais aussi de les amener à porter un regard différent sur elles-mêmes, sur le monde qui les entoure et la façon dont elles composent avec. Les convaincre que leur avenir n'est pas inéluctable et que, bien au contraire, son écriture ne dépend que d'elles. En somme, ma mission est de les amener à prendre confiance, à réaliser qu'elles ont le droit, comme n'importe qui, d'avoir une vie décente.

***

Ayesha était une des premières jeunes du centre, l'une des plus motivée aussi et donc stimulante pour les autres. Réelle catalyst du changement dans ce quartier figé, elle m'a énormément aidé à convaincre les jeunes de la communauté, à leur donner l'envie et le courage de venir. Pourtant, c'est la même Ayesha qui me dit un jour : « My dream job is to be a housewife, I don't want to go to work. »

Quatre mois après leur arrivée environ, nous demandons aux jeunes de trouver un stage de deux semaines. C'est l'occasion pour elles, non seulement de s'essayer à la recherche d'emploi, mais aussi de s'immerger dans une entreprise et d'en comprendre les codes.

6 Tunique traditionnelle indienne portée par les femmes

Par la suite, elles pourront ainsi détailler ou changer leur projet professionnel en fonction de cette première expérience. Les coachs aident à la confection d'un CV, aux bases d'un entretien d'embauche mais le plus gros travail est de convaincre la jeune de sa légitimité à passer la porte de l'entreprise.

Quand j'ai proposé à Ayesha d'aller faire du porte-à-porte dans un centre commercial pour trouver un stage, c'était hors de question. Toutes les raisons étaient bonnes pour ne pas s'exposer : « It is too far !…I am so tired from the housework… My father doesn't want me to go. » L'énergie qu'elle avait mis au début de son parcours s'évaporait devant la peur du concret. Je décide donc de rencontrer sa famille pour l'accompagner dans ce nouveau défi, la rassurer et expliquer la démarche à ses parents.

Ayesha habite le dernier étage d'un immeuble délabré. Elle me guide dans de petits escaliers escarpés pour arriver à un appartement sans porte. Comme c'est la coutume, j'enlève mes chaussures à l'entrée et découvre une pièce d'une dizaine de mètres carrés qui donne sur une petite cuisine. Ayesha vit avec sa grande sœur et ses deux parents. Même avec beaucoup d'imagination je n'arrive pas à comprendre comment ils peuvent tenir allongés, tous les quatre dans cet espace. Sa mère insiste longuement pour me servir à manger puis, un peu déçue par mon refus, disparaît aussitôt à la cuisine pour faire chauffer le chaï. J'engage la conversation avec son père pour comprendre ses réticences et lui explique les bénéfices pour lui et sa famille. Si Ayesha travaille, elle pourra aider financièrement, peut-être un jour reprendre ses études et choisir la vie qu'elle donnera à ses enfants. J'explique que les emplois dans le bidonville ne sont pas décents et qu'inévitablement, Ayesha devra se déplacer plus loin pour aller au travail, peut-être même prendre le bus. À ma grande surprise, je réalise que son père n'est pas spécialement réticent à son entrée sur le marché du travail, il me semble plutôt indifférent : « Oui, Ayesha peut aller travailler, on verra par la suite avec son futur mari s'il l'autorise à poursuivre. » Le problème vient donc des réticences d'Ayesha elle-même, de ses difficultés à envisager un futur différent. Elle n'a pas encore de modèle à suivre au sein de LP4Y. Dans les autres villes en Inde, des projets semblables ont commencé quelques années auparavant. Un groupe d'alumni, le Stars Club, a eu le temps de se former. Les success stories foisonnent et inspirent les nouveaux arrivants. Ici à Bangalore, tout est à construire. Sans diplôme, sans garantie que sa démarche réussira, à quoi bon prendre le risque ? Partir à la recherche d'un emploi, c'est un pari qu'Ayesha n'est pas prête à relever tout de suite. En revanche rester chez elle en attendant son mariage ne l'engage à rien et au contraire répond parfaitement aux attentes de la société. Ici, une femme n'est pas reconnue au métier qu'elle fait mais au mari qu'elle épouse. L'exclusion opère, sur Ayesha comme sur de nombreuses jeunes femmes à Djhalli. S'élancer hors de sa zone de confort est un effort quasi-insurmontable. Quand bien même elle s'imagine travailler, quels emplois s'offrent à elle ? Sans piste de réflexions concrètes, elle peine à définir son projet professionnel et oscille entre l'envie de devenir réceptionniste, vendeuse ou caissière sans vraiment les différencier. Pour elle, tout cela reste très vague. Les seuls travailleurs qu'elle côtoie quotidiennement sont les bouchers du coin de la rue ou les vendeurs de mangue ambulants. Personne autour d'elle ne l'encourage ne serait-ce qu'à croire en ses capacités. Jugée trop jeune ou sous-qualifiée, ses oncles et ses cousins, dont elle chérit le point de vue, ne la poussent pas vers l'ambition. Ces arguments qu'elle entend à répétition finissent par la convaincre.

De retour au centre, nous établissons un plan d'action pour aller frapper aux portes des magasins et y laisser des CV. Courageuse et persévérante, Ayesha commence à dépasser ses appréhensions. Grâce à l'aide du groupe, des autres jeunes vivant exactement les mêmes craintes qu'elle, Ayesha change d'attitude face à l'obstacle. Une fois les premiers refus encaissés et plus déterminée que jamais, elle devient l'exemple à suivre pour les autres jeunes femmes et décroche son stage. Deux semaines dans une entreprise lui suffisent pour comprendre qu'intégrer le monde décent est une question de choix. Alors, quand arrivera le moment de trouver un travail, persuadée de ses capacités, leader de son équipe et habituée au décalage entre le bidonville et les magasins climatisés, elle s'élancera son CV en main vers un manager d'une boutique de vêtements qui lui accordera aussitôt un entretien. Elle décrochera son premier emploi décent en une seule après-midi de recherche. Comme un pied de nez à toutes les personnes qui ne la croyaient pas capable, elle travaille toujours aujourd'hui, touche un salaire correct et prend le bus sans hésitation.

***

C'est le matin, le quartier n'est pas tout à fait réveillé, je me mets en marche pour une énième session de recrutement. Notre équipe de jeunes s'agrandit progressivement mais elle n'est pas encore au complet. Avec Géraldine, nous quadrillons Djhalli, récoltons des numéros et rappelons les intéressées. Aujourd'hui, je décide de parcourir le bidonville le matin, peut-être aurai-je plus de chance. Dans les rues presque désertes se répondent les sifflements des cocottes minutes d'où s'échappe l'odeur délicieuse du dhal[7]. Optimiste, je me dirige vers une maison au hasard. Les murs dégoulinant d'humidité portent une antenne

7 Soupe épicée à base de lentilles

parabolique bricolée, des vêtements de toutes tailles sèchent sur une grille à l'entrée. Deux poulets me courent dans les jambes. Un rideau fait office de porte. Assise en tailleur, une jeune femme habillée en kurta épluche de l'ail à une vitesse fulgurante d'un geste machinal, sans même porter attention à la lame de couteau qui râpe la chair. Elle me regarde d'un air fatigué mais malicieux : « Good morning Ma'am ! What is your country ? »

Derrière elle, sa mère et ses petites sœurs s'affairent à la tâche avec la même aisance. J'explique l'objet de ma venue. Aucunement impressionnée, souriante, elle n'hésite pas à me questionner. Elle rigole et mène la conversation comme elle l'entend, m'explique qu'elle a arrêté l'école et qu'elle épluche de l'ail pour 20 roupies (30 centimes) le kilo. Deuxième d'une famille de sept enfants dont six filles, il ne reste que son père et son frère aîné pour gagner de quoi vivre. La situation me surprend. A Djhalli, les jeunes femmes qui n'ont pour la plupart jamais rencontré de personnes blanches, me fuient et n'osent pas engager la conversation. Je me retrouve souvent à faire tout un préambule à un membre de la famille avant de pouvoir les rencontrer. Initier une conversation directement avec une jeune femme sans vexer ou mettre de côté le père, la mère ou le mari est un vrai travail de diplomate. Rassurer, faire comprendre que leur avis compte, sans pour autant ignorer les envies de la personne la plus concernée, la jeune.

Mais aujourd'hui, la situation est différente. Mon interlocutrice a un caractère bien trempé. Énergique et chaleureuse, elle ne s'efface pas :

— Ok, yes I will come tomorrow.

Super, une nouvelle recrue ! Je lui donne rendez-vous devant chez elle à 9 h le lendemain pour lui montrer où se trouve le centre. Neuf heures pétantes, personne. J'attends devant chez elle. Le rideau est fermé, je ne sais pas où toquer. Je lance un timide :

— Hello ?

Quelques minutes plus tard, Hafsa sort de sa maison la tête hirsute et les yeux mi-clos :

— Yes Ma'am I will come tomorrow.

Je discute avec elle, j'insiste mais rien à faire. Avec Géraldine, nous nous relaierons un jour sur deux pour aller la chercher devant chez elle. Pendant une semaine nous encaisserons des « tomorrow ma'am » avant qu'elle ne se décide enfin à nous suivre. Souvent, les jeunes intriguées par le programme viennent du premier coup. Poussées par la curiosité elles se présentent à l'heure les premiers jours, se font des amies et s'accrochent un moment avant de perdre leur motivation de départ face au rythme soutenu du centre ou à la pression familiale. Hafsa, elle, ne fait rien comme tout le monde. Dès le début, il nous a fallu être persévérantes, nous obstiner pour qu'elle vienne. Mais une fois décidée, convaincue, elle n'a jamais décroché.

Il est vrai que l'approche est singulière : insister pour que les jeunes suivent cette formation, prendre du temps et dépenser de l'énergie pour les convaincre que cette opportunité est précieuse, qu'il serait dommage de ne pas en profiter… Après tout, elles choisissent leur vie, mon rôle n'est pas de les forcer à venir ! Cependant le déclic Hafsa de ce jour-là m'a servi d'exemple. L'attention portée à chaque jeune femme, la démarche de venir les chercher devant leur porte le matin, est une manière de montrer qu'elles comptent, qu'elles ont de l'importance. Une attention persistante et bienveillante peut déclencher chez elles l'envie de saisir leur chance.

Hafsa est très vite à l'aise au sein du centre. Je décide de la pousser davantage et lui propose de m'accompagner, avec une autre jeune, Husna, à un rendez-vous à la Société Générale, partenaire déjà engagé à Mumbai. L'objet de ce rendez-vous est de présenter LP4Y à la branche de Bangalore et de définir localement les prochaines étapes du partenariat. L'enjeu est de taille et intimide les jeunes qui s'apprêtent à vivre leur première expérience hors du bidonville.

Nous préparons la rencontre ensemble : l'itinéraire du trajet, le matériel de communication à apporter, la présentation Powerpoint… Le déroulement est clair et chacune répète consciencieusement sa partie. Lors de ma formation à Delhi, j'ai compris qu'amener des jeunes en rendez-vous professionnel faisait partie intégrante de la pédagogie. Le jeune est au cœur du projet, sa présence en témoigne. Néanmoins quelques anciens volontaires m'avaient avertie des potentielles difficultés : « Les jeunes ont vomi dans la voiture… ils étaient habillés n'importe comment… un jeune est arrivé en retard. » La veille du rendez-vous, toutes ces histoires me reviennent en tête et je passe un temps infini à anticiper les imprévus. C'était sans compter que partir en mission c'était accepter de faire face à l'imprévu en permanence. Cinq minutes avant le départ, Hafsa reçoit un appel de sa mère : « Lucie, I will not be able to come. My mother allows me only if my little sister come with me, they are on their way… »

L'idée que sa petite sœur nous accompagne a presque l'air de rassurer Hafsa qui y voit sûrement une façon d'échapper à cette effrayante expérience. De mon côté, c'est panique à bord… Le Uber arrive dans deux minutes et il est bien sûr hors de question que je débarque avec une petite fille de 12 ans au siège de la Société Générale. J'essaie par tous les moyens d'expliquer que « c'est gentil de vouloir venir, mais on vous racontera après comment cela s'est passé ». Finalement, la maman convaincue, la petite sœur déçue et Hafsa paniquée, nous partons.

Seules dans le Uber, je sens Hafsa et Husna tendues. Le stress envahit la voiture. Elles restent toutes les deux concentrées pendant l'heure et demie que dure le trajet, répétant machinalement le texte qu'elles ont rédigé sur leurs feuilles de papier. Par la fenêtre du taxi, nous voyons les minarets de Djhalli disparaître peu à peu, et nous arrivons bientôt dans un Tech Park au nord de la ville.

L'endroit est improbable. Le Uber s'approche d'une borne de sécurité. Le gardien nous demande nos papiers d'identité, nous prend en photo et nous fait signer un registre. Nous remontons dans la voiture. Puis à nouveau, nous devons nous arrêter pour présenter le mail de confirmation du rendez-vous à un second gardien. Nous signons encore une fois un registre, en échange de quoi, nous recevons une carte de visiteur. Nous découvrons alors un immense village d'entreprises, le Uber se perd entre les bâtiments de Nokia, Microsoft et autres grandes entreprises. Tout est propre et goudronné. Des hommes en costume cravate, écouteurs Bluetooth branchés dans les oreilles parlent dans leurs smartphones. C'est l'heure de pointe et les employés entrent en file indienne dans les gratte-ciels au rythme des bips du portique de sécurité. Je sors de la voiture et j'aperçois mon reflet en polo et birkenstock dans les portes en verre de la Société Générale. Je ne me sens pas du tout à ma place. J'imagine alors l'état d'Hafsa et Husna. L'homme à l'accueil regarde leur burqa d'un air étonné. Elles savent mieux que moi qu'elles attirent les regards et elles s'inquiètent. Outre leur accoutrement, leur gabarit, leur accent, tout en elles détonne dans cet environnement lisse. Tandis que j'explique à la sécurité qu'elles sont avec moi, les jeunes femmes observent en silence.

Me voilà au cœur de ma mission : faire le pont entre deux mondes.

Il y a deux heures à peine, nous étions au sein d'un décor familier. Un monde où la burqa est aussi commune qu'une paire de jeans en France. Bien loin de ce que j'imaginais avant, les femmes sont très fières de la porter. En toute coquetterie, elles comparent les tissus, les formes, les strass. C'est un réel accessoire de mode qu'elles m'exhortent à essayer tous les jours. Ce vêtement, si singulier à mes yeux, est pour elles une évidence, un signe d'appartenance, d'inclusion à leur communauté.

Face à cela, j'avoue que j'avance à tâtons. Je ne sais pas comment me positionner, je ne me sens pas fondée à porter un regard critique sur leurs habitudes vestimentaires alors que je suis encore loin de comprendre leur culture et ses codes. Pourtant, il faut bien que je prenne parti car, pour le moment, les jeunes femmes gardent leur burqa tout au long de la journée. Et ce n'est pas exactement l'uniforme en usage dans les emplois visés. Je leur propose donc de l'enlever le temps des trainings. Elles s'en remettent à leurs pères et m'invitent une nouvelle fois à en discuter directement avec eux. Bien préparée et maintenant à l'aise avec les familles des jeunes, je passe dans chaque foyer pour expliquer les raisons de ce changement. À ma grande surprise, je n'ai aucune difficulté à les convaincre. Les raisons leur paraissent évidentes. J'ose même aller plus loin et je leur demande pourquoi les jeunes ne décident pas par elles-mêmes. L'explication est la même partout ; tant qu'elles vivent dans ce quartier elles doivent la porter, les critiques seraient trop virulentes, quand elles sortent de Djhalli, c'est autre chose. Affaire conclue, les jeunes ne porteront pas la burqa au sein du centre. Le lendemain, alors qu'elles mettent en place cette nouvelle pratique, je remarque que l'une d'entre elles, timide, refuse de l'enlever. Toute l'équipe cherche à la rassurer. De mon côté, je comprends très bien les réticences qu'elle peut avoir. Je préfère laisser Hafsa et Ayesha gérer la situation. Tout à coup, j'entends des éclats de rire et découvre avec étonnement ce qui la gênait tant. Sous sa burqa, elle était restée en pyjama. Notre nouvelle routine est maintenant complètement justifiée.

Comment les jeunes peuvent-elles se projeter à sortir du bidonville, à affronter le monde et à prendre confiance en elles, tout cela en chemise de nuit ? On ne devient pas femme d'affaires en restant dans ses pantoufles.

À leur arrivée dans le Tech Park, Husna et Hafsa comprennent enfin le sens de mes discours sur l'importance de l'image de soi que l'on renvoie. Leur burqa, là protectrice devient ici et maintenant un signe distinctif gênant. À leur demande, nous filons aux toilettes pour qu'elles l'enlèvent.

Après avoir traversé les deux derniers portiques de sécurité, nous arrivons dans le bureau où nous avons rendez-vous. Le décalage me frappe une nouvelle fois. À notre départ de Djhalli, nous étions entourées de poules et de chiens errants, discutant avec la mère d'Hafsa en essayant de se faire entendre à travers le chant du muezzin et nous nous retrouvons maintenant dans ce bureau, au sol couvert de moquette. Ébahie par ce qu'elle voit pour la première fois de sa vie, Hafsa me lance : « It's so beautiful, Lucie ! »

Je m'efforce de retrouver mes réflexes d'occidentale. Une femme en sari impeccable nous accueille très gentiment. Je sens les regards de Husna et Hafsa se croiser comme pour se souhaiter bonne chance. Le rendez-vous terminé, les jeunes remettent leur burqa avant de monter dans la voiture. Épuisées mais fières, elles savent maintenant à quoi ressemble le monde décent. Ce monde qu'elles s'interdisent n'est en fait pas si loin, et c'est à force d'expériences comme celles-ci qu'elles s'en rendent compte. À notre retour, Hafsa raconte son épopée aux autres jeunes de l'équipe, comme pour graver chaque détail dans sa mémoire. Pendant quelques mois son job de rêve sera de travailler à la Société Générale, plus par soif d'appartenir à cet environnement que pour le travail en lui-même. Cette visite a été comme un tournant dans sa perspective et, comme pour beaucoup de jeunes, un moment décisif de son parcours.

***

En Inde comme au Népal, mon travail a été d'accompagner des jeunes à l'emploi, mais aussi d'exposer aux entreprises ce qu'elles avaient à gagner à employer ces jeunes. L'intégration de jeunes sans diplômes n'est pas une bonne action, ce n'est pas de la charité mais une véritable chance. Certes, le programme qu'ils suivent dans les centres leur donne une première expérience du travail. Certaines compétences ont été acquises bien avant leur entrée chez LP4Y. Il faut être vif pour apprendre par soi-même, gagner son pain et savoir s'entourer, être sans cesse à la recherche de solutions et actifs dans son quotidien. Il ne s'agit pas ici d'idéaliser, certains font de mauvais choix, prennent des chemins illégaux pour arriver à leurs fins, ou comme les femmes de Bangalore, se restreignent plutôt que de se lancer. Mais l'expérience de l'exclusion fait souvent de ces jeunes, des employés hors pair, persévérants et innovants, car ils mesurent l'ampleur du changement possible de leur situation.

C'est dans cette optique-là que nous recevons, dans le centre de Bangalore, une visite du comité exécutif de Capgemini. Les rôles s'échangent. Les hôtes deviennent les invités, les exclus, les maîtres des lieux. Comme Hafsa et Husna la veille de leur rendez-vous à la Société Générale, le département RSE (Responsabilité Sociale des Entreprises) de Capgemini n'échappent pas aux doutes et aux appréhensions. Djhalli ayant une très mauvaise image à Bangalore, ils sont prêts à tout annuler au dernier moment. Finalement, après de nombreux coups de fil, les peurs s'estompent.

Le rendez-vous est pris, Shampura main road, Nimra Masjid[8].

Afin d'éviter les faux pas et les silences gênants, pour que chacun se sente à l'aise, je tiens à ce que les jeunes soient extrêmement bien préparés… L'agenda de l'après-midi est simple. Quelques jeunes vont accompagner nos invités par groupe de deux à travers le bidonville pour les conduire de la route principale à la salle de réunion, louée pour l'occasion. Bien loin du Marriott ou du Hilton que nos hôtes fréquentent habituellement, notre lieu de rencontre est en fait une salle des mariages décrépie, sans chaises, ni tables, que nous nettoyons, décorons et surtout de professionnalisons avant leur arrivée. Hafsa et Roohinaaz sont chargées de présenter LP4Y ainsi que la micro-activité qu'elles dirigent. En effet, chez LP4Y, les jeunes créent et gèrent ensemble une microentreprise propre à chaque centre. Pendant 6 à 9 mois, ils sont répartis en différents départements, de la création du produit ou du service jusqu'à sa facturation. Les jeunes dirigent la production, les stocks, les achats, la vente, les finances, les ressources humaines, etc. À Bangalore, notre micro-activité traite du zéro déchet, sujet particulièrement adapté dans un bidonville. L'objectif est de sensibiliser la communauté, mais aussi nos partenaires, à réduire leur production de déchets. Pour cela les jeunes ont ouvert un atelier de produits alternatifs au plastique comme des sacs en coton et des cosmétiques naturels. C'est tout cela que Hafsa et Roohinaaz répètent, plongées dans leurs notes, pour les présenter sans accroc devant une audience prestigieuse.

La suite de l'après-midi se passe à l'extérieur. Par petits groupes, les employés de Capgemini partent prendre le chaï au sein des familles puis reviennent pour discuter en tête à tête avec les jeunes. Cet entretien est le moment phare de la journée.

8 Mosquée Nimra

Au-delà d'un rendez-vous sympathique, c'est une rencontre sans barrière, plongée dans la bienveillance et l'écoute. Les préjugés s'envolent laissant place à un échange improbable mais vrai. Je slalome entre les groupes, j'entends les employés de Capgemini encourager les jeunes avec enthousiasme. J'ai un sourire jusqu'aux oreilles. Peut-être est-ce l'excitation contagieuse des jeunes ou ma propre satisfaction d'un événement réussi, mais je suis ivre de bonheur. Venus du Japon, des Etats-Unis ou d'Italie, ces professionnels chevronnés sont concentrés sur leurs interlocutrices et l'échange se fait. Les jeunes posent leurs questions, prennent des notes, récoltent de précieux conseils. Au dernier moment l'excitation tourne à l'euphorie. Une vente aux enchères s'improvise pour vendre les sacs en coton produits par les jeunes. On rit, on se sert la main. L'équipe de Capgemini repart, heureuse d'avoir été bousculée, fière d'être venue. De notre côté, nous rentrons au centre, victorieuses, pour faire le compte rendu de la journée. Toutes veulent prendre la parole en même temps pour raconter leur entretien. Elles ressortent gonflées de confiance. Zaiba, la sœur d'Hafsa, qui ne parle pas souvent par peur de buter sur un mot en anglais ou peut-être par complexe par rapport à sa sœur, s'enflamme dans son commentaire : « Do you realize Lucie, they even told my mom that she was lucky to have me ! » Nous ressentons tous son émotion. Ses mots sont lourds de sens, Zaiba rayonne.

***

Deux ans plus tard, en tant que Green Village Leader au Népal, je continue de m'émerveiller du pouvoir de la perspective. Mon poste a évolué, je recrute et coordonne les volontaires qui accompagnent l'équipe de jeunes femmes. Différente de la pédagogie que j'appliquais à Bangalore, celle du Green Village est résidentielle. Pendant trois mois elles vivent dans le centre, et les microentreprises qu'elles créent fonctionnent comme dans un village. Il y a un restaurant, une banque, une entreprise de logistique, d'événementiel et une société de construction. Avec une monnaie locale fictive appelée Greens, elles décident de leur business plan, contrôlent les finances, font des prêts et paient leurs factures. Grâce à cette expérience concrète de gestion d'une entreprise, elles apprennent et développent les compétences nécessaires à leur entrée sur le marché du travail. Un jour par semaine, les compagnies ferment pour leur laisser le temps de réfléchir à leur projet de vie, écrire leurs CV et se former à passer des entretiens d'embauche. Un coach les aide à prendre conscience des qualités acquises pendant la semaine ainsi que des forces et des faiblesses qui les rendent uniques. Il les pousse à réfléchir à leurs ambitions futures en prenant en compte les défis du présent. En cela, c'est un poste clé. Chaque semaine, il organise des entretiens individuels pour suivre le cheminement des jeunes et trouver ensemble des réponses à leurs questions. Travaillant au développement aussi bien personnel que professionnel de chacun, il est le volontaire le plus proche des jeunes.

En tant que coordinatrice du projet, lorsqu'il m'a fallu me plonger dans les candidatures pour cette mission bien particulière, il m'a semblé pertinent de concentrer mes recherches sur les candidats népalais qui évidemment comprendraient le contexte et la culture locale sans difficulté.

Pleine de préjugés sur l'interculturalité, je pensais que travailler main dans la main avec des Népalais allait être laborieux et difficile. Travailler avec et pour des jeunes cela allait de soi, mais accueillir quelqu'un d'une culture si différente au sein même de notre équipe de volontaires, voilà qui me remplissait d'appréhension. Un mois avant le départ, durant mon stage de préparation, l'interculturalité avait déjà fait l'objet d'une formation à part. À travers des exercices, nous apprenions à mettre de côté notre point de vue occidental pour comprendre les manières locales de travailler. C'était là une façon de nous prévenir des défis que peut représenter la collaboration entre deux cultures. À Bangalore, mes amis expatriés s'agaçaient des pratiques professionnelles de leurs collègues indiens car elles allaient à l'encontre des leurs.

À l'idée d'engager des Népalais dans notre équipe, je suis donc à la fois curieuse et stressée. Loin d'imaginer l'impact qu'allait avoir ma décision sur le reste du projet, je recrute Rujita. Dès les premières semaines, elle m'étonne par la justesse avec laquelle elle comprend sa mission. Certes nos modes de fonctionnement sont différents, pourtant cela n'est jamais un obstacle, plutôt une force. Au-delà d'une amitié immédiate, je découvre à travers elle l'interculturalité comme accélérateur, comme engrais nourrissant le projet, autant que chacune de nous.

Habituée à côtoyer des jeunes, à rencontrer des ONG venant en aide aux femmes en particulier, je me suis construite une idée assez claire de ce que signifie être une femme au Népal. Tous les jours des avions entiers de jeunes hommes quittent Katmandou pour trouver du travail au Moyen-Orient ou ailleurs, et envoyer une partie de leur salaire à leur famille. Dans l'attente de recevoir cet argent, les femmes font donc tourner le pays. Si les rues de Djhalli étaient, dans leur majorité, peuplées d'hommes, ici à Katmandou ce sont les femmes qui composent le premier plan du décor. Ce sont elles qui labourent les champs sous le soleil brûlant, elles qui portent les sacs surchargés de graviers sur les chantiers de construction, elles qui, au retour de leurs longues journées de labeur, préparent le dîner, rangent la maison et s'occupent des enfants. Malgré leur large contribution sur le marché du travail, elles n'ont pas de droits décisionnaires ni de réelle légitimité au sein de la société. La tradition veut d'ailleurs qu'elles quittent leur foyer pour s'installer chez la famille de leur mari dès la cérémonie du mariage. Bien entendu, ce n'est pas le cas de toutes les femmes au Népal. Certaines ont la chance de partir étudier à l'étranger, ou occupent des postes à responsabilité à Katmandou. Ma vision des femmes népalaises est construite sur ce que j'ai observé des jeunes femmes que j'accompagne.

De Rujita j'apprends tout d'abord qu'elle ne veut pas se marier. Allant à l'encontre des traditions familiales, elle prend les devants de son futur et refuse d'emprunter la voie à ce que ses proches ont décidée pour elle. Faisant partie d'une génération nouvelle, elle fait ses propres choix, refuse de partir à l'étranger pour ses études et reste faire du volontariat dans les villages népalais pendant quelque temps. Ce ne sont pas les ambitions que sa famille avait pour elle, mais c'est ce qui la rend heureuse. S'opposant à des siècles de traditions, elle poursuit ses propres aspirations.

En rencontrant Rujita, je m'attendais à explorer nos différences, à discuter de nos héritages culturels respectifs, à s'ouvrir mutuellement l'esprit. Je ne m'attendais pas à être d'accord, et encore moins sur des sujets aussi actuels que la place des femmes dans le monde. Dans notre société, le féminisme est dans l'air du temps. Collés en lettre noire sur les murs de nos villes ou inondant les réseaux sociaux sous le #Metoo, la parole de la femme se libère et les débats s'enflamment. Face à tout cela je suis moi-même amenée à lire, à m'informer sur le sujet et à me poser des questions. Tout ce contenu, podcasts, articles, chroniques, ou même discussions entre amis, toutes ces informations auxquelles je suis exposée, ont construit mes convictions d'aujourd'hui.

Rujita, elle, n'a ni Simone de Beauvoir ni Mona Chollet.

Par elle-même et face à une société qui ne la pousse pas à se demander quelle femme elle souhaite devenir, elle se libère des carcans sociaux. Sans ces repères, sans être sensibilisée au sujet, mais simplement par sa force d'esprit, elle remet en question son éducation et les mœurs de son entourage pour dessiner librement son futur. Pour Rujita, l'émancipation n'est pas qu'un concept, ce n'est pas une affaire de théorie, elle l'applique au jour le jour quand elle explique à ses parents qu'elle ne veut pas avoir d'enfants ou quand elle construit sa carrière professionnelle. Son militantisme ne passe pas par de grandes phrases mais par des actions concrètes.

***

Le simple fait de voyager m'a permis d'adopter une nouvelle vision du monde. Certaines destinations m'ont particulièrement frappée. Confrontée à une réalité très éloignée de celle qui était la mienne en France, j'ai eu la chance de découvrir des facettes de la vie, et parfois de la mort, jusqu'alors inédites pour moi.

Varanasi, anciennement Bénarès, est sûrement l'une des villes qui m'a le plus bousculée. Après six mois de mission en Inde, je pensais en connaître les codes, être à l'aise, avoir dompté la tornade d'exotisme des débuts. Ce voyage m'a prouvé le contraire. L'Inde ne se laisse pas si facilement généraliser. Mes six mois vécus dans un bidonville musulman du sud de l'Inde ne m'ont donné aucune indication sur ce que j'allais trouver dans la capitale sainte hindoue, au bord du Gange. Varanasi est une cité millénaire qui accueille chaque jour une foule d'Indiens venus en pèlerinage. Le Gange, fleuve sacré sorti de la chevelure de Shiva, permet à ceux qui s'y baignent de se laver de leurs péchés. Ils accèdent au fleuve en descendant les escaliers appelés ghat.

Des bûchers sont installés sur les rives pour incinérer les défunts avant de jeter leurs cendres dans l'eau pour libérer leur âme et leur faire atteindre la paix éternelle.

Avec deux autres volontaires, Géraldine et Jeanne, nous arrivons de nuit. À mesure que l'on approche de la vieille ville, les rues se densifient, à tel point que le taxi décide de nous laisser au milieu d'un carrefour : « Taxi not possible Ma'am, you need to take rickshaw. »

Fatiguées mais surtout fascinées par toute l'agitation alentour, nous prenons un rickshaw qui nous fait pénétrer dans ce chaos de bruits, de vendeurs ambulants et de traîneurs nocturnes. Curieusement, au moment où le chauffeur s'arrête, plus un bruit. En cinq minutes nous passons d'une foule bruyante et chaotique à un désert silencieux. L'humidité de l'air dessine des halos autour des rares lampadaires. Nous nous enfonçons dans des rues mal éclairées à la recherche de notre hôtel. Une odeur de bois de santal et des sons de clochettes s'échappent des maisons.

Le lendemain matin, le visage bouffi d'humidité, je monte sur la terrasse de l'hôtel. Vue imprenable sur la ville. Nous restons toutes les trois silencieuses. Neuf heures étant le milieu de la matinée pour la plupart des habitants, la ville est déjà bien réveillée. Une belle luminosité enveloppe les temples dans une aube permanente. Les couleurs orangées s'harmonisent avec les tuniques drapées des moines, les briques des temples trempées de rosée et l'eau trouble du fleuve. Décidées à explorer ce lieu fantastique nous partons à la découverte de la ville.

Dans les rues minuscules, une enfilade de petites échoppes ; c'est à peine si les vendeurs peuvent se tenir jambes croisées entre les murs. On y vend tout le nécessaire pour aller au temple, encens, fleurs et offrandes.

Nous nous perdons au milieu d'une foule de pèlerins agglutinés. Au détour d'une rue, laissant derrière nous cette explosion de vie et de couleur, nous arrivons dans le calme et l'immobilité des ghats, les marches qui descendent au bord du fleuve.

Le paysage devient vide et uniforme. Les bords du Gange. Nous sommes au bout du monde. Le manque de clarté nous empêche d'apercevoir l'autre rive mais on devine une nature abandonnée. Silence sacré.

L'atmosphère est troublante. L'expression qui s'applique n'est pas « il faut le voir pour le croire » mais plutôt « il faut y être pour le ressentir ». Les nuances orangées laissent place au filtre blanc que renvoie la brume. Couleur de deuil ici - les habits des familles, les cendres qui recouvrent les bûcher éteints, les corps des sadhus[9] - le blanc est partout. Chez nous, dans de telles circonstances, c'est le noir qui prime. Ma perspective bascule. J'ai toujours considéré la mort comme sombre, triste, silencieux et… caché. Aujourd'hui, assise sur la rive du fleuve, la cérémonie qui se déroule sous nos yeux me secoue. Elle me choque car elle m'expose, comme beaucoup de mes expériences en Inde, à une réalité jusqu'alors inconnue. Porté à bout de bras par des hommes, le corps repose sur un brancard en bambou. Recouvert d'un drap blanc, il est accompagné d'un cortège à l'apparence joyeuse. Certains chantent, d'autres dansent au rythme des tambours et laissent une traînée de pétales jusqu'à l'arrivée au bord du Gange. La famille dépose le corps à même le sol et se livre à toutes sortes de rites, de coutumes indéchiffrables. Moi, je demeure paralysée par la vue du cadavre. Le collier de fleurs autour de son cou attire une chèvre qui passait par là. Bien contente de pouvoir se nourrir de fleurs fraîches, elle ne n'hésite pas à les arracher puis poursuit son chemin en mastiquant.

9 Dans la religion hindou, un sadhu est une personne ayant renoncé à la société pour se concentrer à la spiritualité

Devant cette scène peu commune, je m'attends à ce que cet événement soit interprété comme un mauvais présage. Aucune réaction, la cérémonie suit son cours. Un homme se revêt d'un drap blanc et part s'immerger dans le fleuve. L'assemblée écoute en silence le prêtre brahman[10] réciter ses prières, personne ne prête attention au corps, ni à la chèvre qui se régale. Je comprendrai plus tard que l'enveloppe charnelle a très peu d'importance lorsqu'on croit au cycle des réincarnations, et que chérir la mémoire du mort importe plus que de soigner l'aspect du corps. La mort est une libération, une délivrance. L'atmosphère de Varanasi dérange mes idéaux pragmatiques et continue encore aujourd'hui à me hanter.

Autre pays, autre décor et pourtant même sentiment de se retrouver devant plus grand que soi. Lors de mon arrivée au Népal, je n'attendais qu'une chose, voir l'Himalaya de près. Face aux 8000 mètres de roches qui se hissent vers les nuages je ne peux que prendre de la hauteur. Leur silence, hypnotisant, aspire le flux bruyant de mes pensées et me laisse vide, tranquille.

Dans *Le Livre de la Joie*, il est écrit que changer de perspective *« nous oblige à nous reculer, à l'intérieur même de notre propre esprit, pour observer le tableau dans son ensemble, pour nous distancier de notre vision égocentrée, limitée. »* C'est au cœur de ce paysage que j'ai pu comprendre la pleine signification de ces mots.

Au cours de ma mission de volontariat, j'ai rarement ressenti une telle plénitude. Aujourd'hui encore, lorsque je marche dans les rues de Paris et que je suis agacée par des cyclistes imprudents, il m'arrive de m'envoler vers l'Himalaya, aspirant à retrouver cette sérénité inoubliable.

10 Dans le système de caste indien, les prêtres font partis de la plus haute caste, celle des brahmans.

***

« La liberté ultime est le comportement que nous décidons d'adopter »
Douglas Abrams, *Le Livre de la Joie*

En bonne Parisienne, j'ai souvent défendu la nécessité de se plaindre. Pour aller de l'avant, je devais répertorier, décortiquer, extérioriser et même répéter chaque petite insatisfaction. C'était pour moi une manière d'identifier le problème et d'éviter les non-dits. Comme un rituel, je ne passais pas une journée sans me concentrer sur mes ennuis, petits ou grands, pour les partager ensuite. Comme pour beaucoup, il me semblait évident qu'il fallait se plaindre une bonne fois avant de passer à autre chose.

Au sein de la communauté des volontaires, l'esprit positif est un étendard, une ligne directrice. Tenant tête à nombre d'entre eux, et ceci pendant plusieurs mois, je me suis obstinée à faire l'éloge de ces moments obscurs où tout va mal. Voir la vie en rose était, pour moi, se voiler la face, personne ne pouvait vivre sainement en ne voyant que les côtés positifs des événements. C'était un mythe, une technique artificielle. Je ne comprenais pas qu'on me dise à longueur de journée : « Oui, c'est fatiguant les 47°C à Delhi, mais au moins on élimine les toxines… Pour moi, les 2 heures d'embouteillages pour rentrer dans Mumbai sont l'occasion de faire le point sur ma journée, de prendre du temps pour moi… Il n'y a plus de jeunes dans mon équipe, c'est une super opportunité de retourner dans la communauté et de passer d'agréables moments. »

Il m'a fallu du temps pour comprendre le pouvoir du changement de perspective, celui que l'on décide, celui qui vient de l'intérieur. Puis un jour, voyant la joie et le rayonnement que l'esprit positif apportait à certains, j'ai moi aussi voulu essayer.

Ouvrir un centre LP4Y en Inde est un grand privilège. C'est

rencontrer des partenaires et des communautés, c'est décider d'un bâtiment, d'une équipe de jeunes et d'un environnement et c'est aussi s'intégrer à un système administratif différent, s'enregistrer auprès des autorités, notamment au bureau d'immigration. Or, plonger dans l'administration indienne c'est comme s'enliser dans des sables mouvants. Bien décidée à terminer mes 18 mois à Bangalore, j'ai néanmoins foncé tête baissée dans une marée de documents et j'ai attendu patiemment pendant des heures pour ne pas faire de vagues dans l'ultime espoir de renouveler mon visa. Avec tout ce que nous avions construit à Djhalli avec les jeunes durant cette dernière année, il me paraissait invraisemblable de devoir partir maintenant. Je m'obstine, j'y retourne, je fournis tous les papiers, plus absurdes les uns que les autres dans l'espoir de voir mon passeport tamponné. Tout cela, sans succès. Avec mes vacances prévues en France pour Noël, le directeur du bureau d'immigration a trouvé l'excuse parfaite : « Vous n'avez qu'à le refaire là-bas votre visa ! » Le document coûte une fortune et les délais sont très longs, il est évidemment impossible de faire les démarches en France. Je frémis. Mon avion décolle le lendemain. Ce qui devait être une parenthèse, des vacances ressourçantes sera finalement un départ définitif.

Tout s'écroule. Je pense aux jeunes que je dois quitter et que je ne reverrai peut-être jamais. Je pense à ma nouvelle co-coach, Clémence, qui demain soir se retrouvera seule à gérer le centre, à toute cette vie que j'ai construite ici et que je dois quitter subitement.

Le lendemain, je peine toujours à y croire. Je demande à Hafsa et Ayesha de passer au centre avant de partir travailler, nous avons dix minutes. Nos adieux se font dans la précipitation. Ayesha me prend dans ses bras, Hafsa reste silencieuse. À défaut de pouvoir tout se dire, nos regards portent notre émotion. Je les vois disparaître au coin de la rue, j'ai le cœur serré. Par la suite, les jeunes femmes de l'équipe arrivent peu à peu au centre, elles rangent leurs burqas dans les casiers et s'assoient en bavardant gaiement. J'aimerais fixer ces images dans ma mémoire, revivre encore une semaine au complet en leur compagnie avant de partir. En voyant mes yeux rouges et gonflés, quelques-unes prennent un air inquiet. Je ne sais pas par où commencer, ma voix tremble. Puis, comme pour enlever un pansement d'un coup sec : « I am going tonight to France, I will not come back. » Je vois les visages déconfits, je ne peux pas terminer là-dessus. Je leur propose d'organiser un dernier pique-nique au parc, pour célébrer nos merveilleux moments passés ensemble. Je me concentre sur l'instant présent et profite de chaque seconde. À ma grande surprise, elles aussi préfèrent rire et chanter toute l'après-midi plutôt que de pleurer sur notre séparation. La journée se termine et avec elle, une page de ma vie se tourne.

Arrivée en France, j'ai bien du mal… Comment ai-je pu tout quitter ainsi ? Quelle frustration de ne pas avoir pu mener à bien tous les projets en cours ! Je n'ai qu'une pensée en tête. Je ne devrais pas être là. Ma place n'est pas ici.

Mais broyer du noir n'est plus aussi satisfaisant qu'avant. À me plaindre ainsi, j'en oublie mes nouvelles résolutions. Finalement, n'était-ce pas plus simple et préférable de dire au revoir aux jeunes d'un seul coup ? Lorsque je m'attèle à envisager cette période comme une belle opportunité et non comme un fâcheux contretemps, je mesure toute la force et la détermination que cela demande. Je choisis mon point de vue, car, en effet, c'est un choix ! Nous avons tous la liberté de provoquer notre propre joie.

S'engager personnellement à changer de perspective est une chose, mais le faire au sein d'une organisation de cent trente volontaires, quel exploit ! Pour LP4Y l'esprit positif est une valeur. Lorsque le confinement pour COVID a été annoncé, la structure entière de l'organisation a été modifiée en quelques jours seulement. Les centres ont été temporairement fermés, les volontaires se sont activement mobilisés pour innover, créer, profiter de cette période pour prendre de nouvelles initiatives. Des équipes de travail sont nées en Inde, au Népal, aux Philippines, en Indonésie, au Bangladesh, pour construire main dans la main le LP4Y de demain. Création de contenu numérique, amélioration des outils pédagogiques, relevés de témoignages, rénovation des centres, tout a été mis en œuvre pour sortir le meilleur de cette situation tragique.

Pourtant, rester positif n'est pas un commandement écrit en grosses lettres sur le site Internet de LP4Y, aucune newsletter n'est diffusée ayant pour titre « Comment voir la vie en rose ! ». Et, heureusement pour moi, la sélection des volontaires ne se fait pas sur leur façon positive de faire face aux difficultés. Alors, comment cet état d'esprit est-il aussi présent en permanence au sein de l'organisation ?

Aucun doute. C'est l'expérience que nous avons en commun, c'est vivre dans ces communautés extrêmement pauvres où l'esprit positif est une composante de l'instinct de survie, qui nous inspire et nous stimule. Nous agissons par mimétisme aux côtés des jeunes, réels professionnels de cette discipline. Devant tant d'obstacles, devant tant de misère, la résilience est pour eux un art maîtrisé, ils nous le transmettent.

ACCEPTATION

L'acceptation a eu le rôle de tremplin dans ma mission pour découvrir et explorer. L'Inde requiert de ses visiteurs une flexibilité hors norme. Son intensité est déroutante. Bousculée physiquement comme dans mes idées à mon arrivée, j'ai vite compris que pour vivre ici, il fallait se laisser faire. Nager à contre courant n'était pas une option, il fallait lâcher le bord et laisser la vague m'emporter. Mais comment être sûre d'arriver à bon port ? Seules l'expérience et l'adaptation m'ont permis de vivre dans cette tempête permanente.

Excitée à l'idée de découvrir une nouvelle culture, je suis arrivée en Inde bien décidée à en adopter toutes les pratiques, aussi farfelues soient-elles. Hors de question d'être une Parisienne en vacances, une touriste en bob et chaussettes blanches ou une hippie en sarouel. Je voulais tout comprendre et m'immerger complètement. Mon objectif : me fondre dans le décor. Impossible de rester en jean, je parcourais les magasins à la recherche de la kurta parfaite, je transformais mon écharpe H&M en dupatta[11]. Obsédée par les longs cheveux soyeux des Indiennes, je devenais folle en voyant que les miens tombaient

11 Foulard en tissu léger que les indiennes portent sur leur poitrine

en masse, et je me plaisais à prétendre qu'attachés en tresse, la ressemblance était frappante. Séduite par les bijoux et ornements de leur tenue, je voulais moi aussi m'accrocher un bracelet de grelot aux chevilles, me parer de bangles[12], et je ne rejetais plus entièrement l'idée de me percer le nez. Mes mains me semblaient tristes sans henné, en particulier lorsque, fièrement, je me passais de couverts à table. Les plats épicés ne m'effrayaient plus et, la larme à l'œil, je terminais mon plat devant l'air inquiet de mes hôtes : « Are you sure you are ok Ma'am ? You don't look fine ! »

Malgré tout mon entrainement au yoga, je ne tenais pas plus de 10 minutes assise par terre, les jambes croisées. Dans le déni de mes différences, je restais parfois une demi-heure sans bouger pendant les visites de familles, même si me relever ensuite devenait très douloureux. Enfin, les toilettes turques ne me rappelaient plus celles, infectes, des aires d'autoroute de l'A6 mais devenaient une alternative propre et saine aux western toilets. Je pensais qu'avec mes 10 mots d'hindi j'arriverais à donner l'impression que j'appartenais à cet univers, mais bien sûr je ne trompais que moi. Au-delà de ma couleur de peau et de mon accent français bien tranché, tous mes faits et gestes étaient en décalage.

Après six mois de travail et d'adaptation à Bangalore, je décidai de prendre une semaine de green week à Calcutta. Chez LP4Y, tous les volontaires ont l'opportunité d'aller visiter un autre centre pendant une semaine afin de s'inspirer des pratiques spécifiques et de renforcer la cohésion entre volontaires. Je partis donc, curieuse de découvrir une autre région de l'Inde.

Calcutta n'a rien à voir avec Bangalore, le temps y est humide et froid. Au début du mois de janvier, les habitants sont emmitouflés dans leurs écharpes en laine. Les volontaires

12 Lot de bracelets

m'accueillent chaleureusement dans leur centre ; j'y rencontre Louise, engagée avec LP4Y depuis près d'un an, mais vivant à Calcutta depuis plus longtemps. Elle m'explique qu'après avoir terminé sa licence de Bengali, elle a décidé de passer à la pratique. Je ne pouvais rêver meilleure co-volontaire pour me guider à travers la ville. Nous partons de bon matin visiter le fameux marché aux fleurs au bord du Gange. À l'aube, des centaines de vendeurs s'y agitent, portant sur leur tête des pyramides de caisses au contenu mystérieux, maniant avec agilité les fleurs arrangées en d'interminables guirlandes. Les passants jaugent, sentent et négocient pour acheter un, trois ou cinq mètres de fleurs qu'ils offriront aux divinités des temples, plus tard dans la matinée. Dans la foule, je suis Louise de près pour ne pas la perdre. Quel plaisir de pouvoir tout faire à pied ! Dépourvue de trottoir, Bangalore ne permet pas de marcher tranquillement dans la ville, j'ai sans cesse recours à un rickshaw pour me déplacer. Ici, nous déambulons pendant des heures entre les vieux bâtiments coloniaux, envahis par la végétation. La facilité avec laquelle Louise se repère, discute avec le chaï walla ou demande son chemin au chauffeur du bus, m'impressionne. Au fil de nos discussions elle me surprend et m'éclaire grâce à son positionnement juste et authentique. Pour moi, être bilingue signifiait réussir enfin à s'intégrer entièrement. Son opinion était pourtant très différente. Sans laisser tomber ses jeans pour une kurta ou un sarouel, sans non plus s'enfermer dans les cercles d'expatriés, elle a su choisir son degré d'adaptation. Grâce à elle, je comprenais alors qu'oublier qui j'étais pour essayer de coller à cette culture ne fonctionnerait pas. Je devais trouver un compromis et accepter mon décalage. Le défi à présent n'était plus d'apprendre à connaître l'Inde mais au contraire d'accepter que je ne la connaîtrais jamais vraiment, que je n'en ferais jamais partie à 100 %. Mes attentes réajustées, il m'était plus facile de ne pas entrer en confrontation avec mon environnement et de lâcher prise.

Allongée sur la banquette de train depuis quinze heures, quel autre choix me restait-il que d'accepter le comique de ma situation ? Devant un chauffeur de rickshaw qui ne souhaitait finalement pas m'amener à bon port, à quoi cela me servirait de pester pendant des heures ? Au bout de quelque temps, j'ai appris à me fier aux gens eux-mêmes plus qu'aux informations récoltées sur Trip Advisor. Accepter d'être perdue m'a permis d'apprendre à faire confiance et à me laisser guider.

J'ai pu constater mon évolution lorsque je suis arrivée au Népal. Les coupures de courant sont régulières dans tous les centres LP4Y. Je ne suis pas l'unique coach à devoir faire face à ce problème. Pourtant, lorsque tout le quartier est privé d'électricité, que je suis face à dix-sept jeunes, et que le training des quatre prochaines heures traite de l'utilisation d'Excel, je me sens bien seule. Combien de fois m'est-il arrivé de jurer, de maugréer, de maudire ces pylônes électriques obsolètes ? À Katmandou, le réseau électrique est semblable voire pire qu'à Djhalli, j'ai donc pris l'habitude de garder en tête deux ou trois idées d'activités qui ne nécessitent pas d'électricité pour pouvoir continuer les trainings envers et contre tout. En effet, accepter sa situation, c'est pouvoir se laisser aller au fil de l'eau mais sans lâcher sa bouée de sauvetage, l'instinct et le bon sens sont toujours essentiels.

Retour quelques mois avant ma rencontre avec Louise à Calcutta. Avec Géraldine, ma co-volontaire, nous nous lançons dans une recherche d'appartement, bien décidées à installer le projet à Djhalli. Nos directives sont simples, trouver un logement temporaire afin d'emménager le plus vite possible dans le centre, une fois le bâtiment trouvé. Pour le moment nous parcourons les ruelles en demandant aux commerçants les potentielles locations alentour, car ici, être boucher, garagiste ou vendeur de légumes n'exclut jamais la possibilité d'être agent immobilier. Une de nos premières visites est un petit deux pièces, bas de plafond, sale et sans fenêtre. Les toilettes sur le palier dégagent une odeur nauséabonde. Pressée de m'installer et peu regardante sur mes conditions de vie, je lance à Géraldine :

— Pas mal non ? On le prend ?

Heureusement, surprise, elle me répond :

— Mais, Lucie, on va pas vivre là ! Attends un peu, on va trouver beaucoup mieux ! Effectivement, quelques jours plus tard, pour une poignée de roupies supplémentaires nous trouvons un appartement décent et confortable. Partie en mission pour sortir de ma zone de confort et lâcher prise, j'étais prête à me mettre volontairement dans une situation semblable à celle des jeunes pensant que je n'avais pas de marge de manœuvre. J'étais prête à faire des concessions que personne ne me demandait et à accepter ce que je pensais être la réalité du terrain. Huit mois plus tard, alors que nous peinons toujours à trouver un centre, ce nouvel appartement est devenu plus permanent que temporaire et je remercie Géraldine de ne pas s'être résignée.

***

Au fil de ma mission, ma relation avec les jeunes femmes s'est approfondie. J'ai appris à les connaître chacune dans leur individualité, avec leur caractère et leur situation familiale bien particulière. Être coach, c'est vivre cet attachement. À travers leurs difficultés, leurs défis et leurs succès personnels, nous vivons avec ces jeunes une transformation essentielle. Maintenant, mes colocataires sont mes co-volontaires, ma routine tourne autour de la communauté, bref toute mon énergie est concentrée sur l'insertion professionnelle des jeunes que je coache. Elles m'invitent dans leur famille, me confient leurs appréhensions. Après quelques mois, j'ai l'impression de bien les connaître. J'anticipe leurs réactions et adapte mon coaching en fonction de chacune. Je les côtoie au jour le jour ; a priori, leurs vies n'ont plus de secrets pour moi. C'est une erreur. Ce que je connais des jeunes se limite à ce qu'elles me laissent entrevoir et c'est tout.

Priya est l'une des seules jeunes hindoues de l'équipe de Djhalli. Avec Rajni et Lakshmi, elles ne se quittent jamais. Les tensions entre hindous et musulmans éclatent quelquefois dans les rues de Djhalli mais au sein de l'équipe, les jeunes s'entendent suffisamment pour éviter les conflits. Cela dit, les groupes de copines se sont naturellement constitués selon l'appartenance religieuse : chrétiennes et hindoues d'un côté et musulmanes de l'autre. Si les chrétiens ne représentent que 2 % de la population, en Inde cela représente tout de même 24 millions de personnes. Il est donc courant, surtout dans le sud de l'Inde, de passer à côté d'une église et d'entendre les chants des fidèles le dimanche matin.

Habituellement Priya, Rajni et Lakshmi arrivent toutes les trois ensemble au centre, or ce matin le trio est incomplet. Priya n'est pas là. D'ordinaire ponctuelles, je suis également surprise par leurs 10 minutes de retard. J'imagine qu'elles se sont trompées de lieu. Il est vrai que ce n'est pas évident en ce moment puisque nous sommes toujours à la recherche d'un bâtiment pour les accueillir à plein temps. Les trainings étaient menés jusqu'alors dans un local, prêté par des bonnes sœurs, puis nous avons déménagé récemment dans une école primaire, vide pendant les vacances.

En ce moment, nous travaillons sur leur Life Project Plan Presentation. Devant une audience de partenaires et d'amis, elles devront présenter leur projet de vie, le métier auquel elles aspirent, les compétences qu'elles ont acquises grâce à leur expérience chez LP4Y et le budget qu'elles estiment nécessaire à leur intégration. Pour toutes, c'est une première. Elles préparent leur présentation avec beaucoup de soin et redoutent pour la plupart la prise de parole en public. Pour Priya, l'exercice est d'autant plus stimulant qu'elle doit, en plus de sa propre intervention, assurer le rôle de maîtresse de cérémonie. Depuis son arrivée dans le programme, elle est assidue et motivée, ce nouveau défi devrait la conforter et lui donner davantage confiance. Elle est généreuse et m'a souvent émerveillée par sa bienveillance, son attention aux autres. Lorsque nous parlons du jour où je devrai rentrer en France, elle m'affirme avec assurance : « OK coach, you can go home, after you come back to India and you can live in my house ! » Je la sens investie, et si je la rassure au sujet de certaines de ses appréhensions, dans mon for intérieur, je n'ai aucun doute : elle va assurer ! Ce matin je m'étonne donc de ne pas la voir arriver aux côtés de ses deux acolytes. D'autant que je remarque un mélange d'embarras et d'inquiétude sur le visage de Rajni et Lakshmi. Bouleversée, Lakshmi m'annonce alors : « Lucie coach, Priya disappeared ! »

Sur le coup je ne comprends pas. Avant tout, je me méfie de la barrière de la langue. Je ne suis pas certaine de la signification du terme « disparu » dans la bouche de Lakshmi, aussi je la laisse m'expliquer. Comme tous les jours, Rajni et Lakshmi se sont retrouvées devant la maison de Priya pour prendre ensemble le chemin du centre. Elles rencontrent alors le père de Priya qui, paniqué, est lui aussi à la recherche de sa fille… Personne ne sait où elle est. Il leur explique que la veille, vers 21 h, Priya est partie de la maison pour acheter une glace à l'épicerie du coin de la rue et n'est jamais revenue. Elle ne répond plus au téléphone. J'écoute Lakshmi me raconter cela avec attention mais mon imagination se lance déjà dans une multitude de scénarios morbides. La nuit, tout le quartier dort, les magasins sont fermés. Les rares passants sont alcoolisés et les aboiements des meutes de chiens raisonnent dans l'obscurité. Priya est sûrement en danger. Kidnappée, blessée ou même morte. Je m'inquiète terriblement mais il faut reprendre le training… Nous sommes déjà en retard. Avant de rentrer dans la salle, j'essaie de joindre Priya sur son téléphone. Pas de réponse…

Incapable de penser à autre chose de toute la journée, je file vers la maison de Priya dès la fin de la journée. Dans sa maison aux murs bleus que je connais bien, je retrouve son père et sa mère, tous deux désemparés. Accompagnée de Lakshmi qui, comme moi, s'inquiète terriblement, nous pénétrons dans cette pesante atmosphère. Le père nous accueille la voix serrée : « Bad news… »

Je me prépare au pire. D'après ce que je comprends de la traduction de Lakshmi, le père a prévenu la police ce matin. Mais depuis, aucune nouvelle. Après avoir péniblement répondu aux quelques questions que je lui pose, le père de Priya, éclate en sanglots, la tête dans les mains. La pression dans l'air est si forte et mon cœur si serré, je manque de craquer… Lakshmi aussi verse quelques larmes. J'aimerais leur exprimer toute ma compassion, mais je ne sais pas quoi dire alors je reste là, assise et silencieuse. Les regards sont chargés d'émotion et le temps se fige. Chacun est perdu dans ses propres pensées, qui pourtant doivent toutes se ressembler. Où est-elle ? Aurais-je pu faire quelque chose pour éviter cela ? Je reste là, le temps de prendre le chaï puis je m'en vais, un poids sur la poitrine, assurant à la famille que je reviendrai.

Le lendemain, le mystère s'éclaircit. Le soir de sa disparition, Priya n'est pas allée acheter une glace comme elle l'avait dit. Pleine de rêves bollywoodiens, elle a fugué avec son petit copain. À Chennai, à une nuit de train de Bangalore, à l'abri des regards, ils se sont mariés contre la volonté de leurs deux familles.

Je tombe des nues. Je réalise que dans tous mes scénarios je plaçais Priya en victime. Jamais je n'aurais imaginé qu'elle serait partie de son propre chef. J'en suis soulagée même si j'ai du mal à l'envisager dans le rôle d'une rebelle romantique.

Les proches de Priya, eux, ne semblent ni réjouis ni rassurés mais plutôt gravement inquiets. Ce mariage est un déshonneur pour toute la famille, ils sont outrés et déçus. Leur fille a ouvertement trahi leur confiance et je comprends leur point de vue. Mais à mes yeux, Priya s'est embarquée dans une aventure typique des aspirations de son âge. À 17 ans mes choix, s'ils n'incluaient ni fugue ni mariage, s'inscrivaient aussi dans une quête d'émancipation. L'évènement en lui-même ne me choque pas, l'histoire serait arrivée à un autre coach j'aurais probablement trouvé ça classique. Ce qui me surprend ici c'est qu'il y a trois jours, nous répétions ensemble son discours, nous corrigions les moindres détails de sa présentation Powerpoint. J'étais focalisée sur son succès, persuadée que nous avions les mêmes préoccupations. Je n'aurais jamais pensé qu'à l'instant où, penchée sur l'ordinateur, alors que je revoyais avec elle le montant de son budget hebdomadaire, elle s'imaginait dans les bras de son prince, cheveux au vent, dans un train fonçant vers Chennai, bafouant tous les codes familiaux, n'écoutant que son désir de liberté et d'amour. Certains y verront l'audace et le courage d'une Priya qui ne se résigne pas à une vie tracée, à un mariage arrangé et un futur décidé pour elle, mais se dresse forte et libre en entrepreneur de sa vie. Face à tous les interdits, elle affirme qu'elle seule pourra décider de son futur. À ce moment-là pourtant, tout cela me paraissait n'être que de belles paroles. Son départ impulsif ne pouvait être qu'une mauvaise décision face aux opportunités que lui offrait sa participation à LP4Y. Concentrée sur son projet de vie professionnel et ignorant ses désirs personnels, j'étais certaine que tout cela était absurde.

Les parents de Priya la récupèrent finalement à la gare, lui interdisent de sortir et la confinent entre les quatre murs de leur maison. Priya m'appelle, me suppliant de parler à ses parents. Elle réitère avec insistance sa motivation pour venir au training, m'expliquant qu'elle comprend son erreur et qu'elle ne veut pas laisser tomber son rôle de maîtresse de cérémonie, qu'en acceptant cette opportunité elle veut montrer qu'elle est responsable... J'entends son discours. Impossible de me résoudre à la laisser enfermée chez elle. Pourtant je suis gênée de m'immiscer dans cette histoire, est-ce bien mon rôle ? La question n'est pas tranchée mais j'accepte tout de même d'ouvrir la discussion avec sa famille. C'est son frère qui me répond au bout du fil et il est catégorique :

— It's impossible for her to come back to the center. I'm sorry ! You don't know, if we let her go, she will leave again.

Je lui demande :

— How long will you keep her at home ?

— I don't know, one or two months maybe.

— Sir, you don't think that, on the contrary, if you keep her locked, that's when she will want to flee ?

— It's not safe for her to come to the center.

— You know Sir, there are only women in our center. No boys allowed. Also she will work on her Life Project Plan and learn skills to be able to have a decent job. It might take her mind out of romance.

— Can you come to pick her up and drop her off after the training ?

Question délicate à laquelle je réponds qu'avec Lakshmi et Rajni il pourra être sûr que sa sœur sera accompagnée. Hésitant, il ne prend pas position et me donne le numéro de leur cousine à Chennai qui, je le comprends, a un important pouvoir de décision. Je mets l'accent sur le futur de Priya et l'indépendance qu'elle gagnera à suivre le programme. Ma démonstration terminée elle achève la discussion sur un prétexte que je connais bien : « For me it's ok, but other relatives will not agree. »

Elle donne son accord, c'est déjà ça. Frère et cousine convaincus, Priya revient au centre dès le lendemain. Les préparations de la cérémonie suivent leur cours. Ayant pris du retard, Priya s'affaire à son Powerpoint et répète assidument son texte. Plus motivée que jamais, elle refuse de prendre une pause au déjeuner et révise son discours. Nous prenons le temps de discuter des péripéties des derniers jours et j'insiste sur l'importance de trouver un emploi pour s'émanciper. Je retrouve la jeune sérieuse et concentrée que je pensais connaître.

Quelques jours plus tard, nous sommes à la veille de la cérémonie, toutes les jeunes se préparent, nous ajustons les derniers préparatifs, il est neuf heures... Priya n'est pas là. De nouveau la même scène. Rajni et Lakshmi arrivent seules et me disent : « She left again. »

Cette fois, je suis en colère. Après tous ces efforts, la voilà qui recommence ! Par cette deuxième fugue elle donne non seulement raison à son frère mais me décourage aussi. Je me sens trahie.

C'est bien plus tard que j'ai compris mon erreur de positionnement. Engagée pleinement dans la vie des jeunes, je ne prenais pas assez de distance avec leurs propres décisions. Leurs succès comme leurs échecs devenaient les miens alors que je n'avais aucune prise dessus. Voilà ce qui engendrait colère et frustration. Dans *Le Livre de la Joie*, l'acceptation est définie comme *« tendre vers l'objectif avec tout le dévouement dont nous sommes capables, sans cependant s'attacher au résultat »*. Il paraît difficile de dissocier notre attachement pour les jeunes, de la quête de leur succès mais c'est un noble objectif. En tant que coach travaillant sans relâche à leur intégration professionnelle, leur succès est rapidement devenu la jauge de ma propre réussite.

Pourtant c'est bien un des éléments sur lequel je n'avais aucune prise. Je me suis aveuglée. J'ai oublié que l'intégration d'un jeune ne se réalise qu'au moment où lui-même le décide. L'énergie et les efforts que j'avais mis dans ma discussion avec le frère de Priya devaient la conduire à reprendre le programme. Pourtant elle ne l'avait pas complètement décidé, ce n'était probablement pas le moment, mais surtout Priya ne me devait rien. Je me permettais de juger ses décisions et ses choix, mais ce n'était pas mon rôle de coach. Priya partageait beaucoup avec moi. Cette place privilégiée, je l'ai prise avec excès, pensant mieux savoir qu'elle ce dont elle avait besoin. Je pensais être un guide, face au vent montrant la bonne direction… et lorsque je n'étais pas suivie, mon monde s'écroulait. Il m'a été difficile d'accepter les choix de Priya, mais elle m'a permis de comprendre que la place du coach n'est pas en tête de ligne mais au côté du jeune, ne faisant que lui indiquer les chemins possibles.

Quelques semaines plus tard, alors que je patiente au commissariat de Djhalli pour renouveler mes papiers, je la croise ainsi que son mari et leur deux familles respectives. Elle ne m'adresse qu'un namaste poli et un sourire timide. Je n'ose pas lui parler du centre devant ses parents encore furieux mais j'essaie de la rappeler dans les jours suivants… une nouvelle fois sans réponse. Des mois plus tard, elle m'appelle pour me demander de l'argent. Heureuse d'avoir de ses nouvelles je l'invite à reprendre la formation, insistant sur la petite indemnité qu'elle peut recevoir. Elle refusera. Je ne la reverrai plus et n'aurai jamais le fin mot de l'histoire. A-t-elle agi par innocence ou par courage ? Avait-elle réellement l'intention de rejoindre le programme un jour ? Est-elle épanouie aujourd'hui ? Finalement, je lui suis très reconnaissante, heureuse d'avoir pu partager tous ces moments avec elle. Le regret et la rancœur ne m'auraient servi en rien, l'acceptation m'a permis de tourner la page et à l'avenir de réagir plus sereinement. Accepter de n'être qu'un soutien.

***

Revoir mon positionnement, et me questionner sur mon rôle n'a pas été simple. Toutefois c'est un changement qui ne tenait qu'à moi, qui m'était accessible. Accepter la situation des autres en revanche, accepter ce sur quoi l'on n'a pas de prise directe est bien plus ardu.

La vallée de Katmandou est entourée de collines culminant à 2 760 m. Elles dominent la ville aux quatre points cardinaux et l'encerclent de leur nature luxuriante. Dès les premières semaines, assise sur la terrasse de notre appartement, je questionne mes colocataires sur la vie népalaise hors de la vallée. Je me prends pour Simba, les terres inconnues au-delà des collines m'intriguent. Par chance, nous avons rapidement l'opportunité d'aller y jeter un coup d'œil. Un partenaire LP4Y profite de son passage à Katmandou pour aller visiter les chantiers qu'il finance dans les villages de la région de Nuwakot. Curieux des nouveaux projets de LP4Y au Népal et convaincu que cette escapade nous montrera une autre facette du pays, il nous invite à le suivre le temps d'un weekend.

La région de Nuwakot est située au nord de la vallée. Derrière le parc national de Shivapuri où vivent tigres et léopards, on trouve des kilomètres de cultures en terrasses qui mènent tout droit vers le Langtang, petite portion de la chaîne himalayenne. Nuwakot est une belle région vallonnée, mais c'est aussi une des parties du Népal qui a le plus souffert du tremblement de terre de 2015. Plus de la moitié de la population a été affectée par la catastrophe et 30 000 bâtiments ont été détruits parmi lesquels 90 % des écoles. Le financement de notre partenaire luxembourgeois est essentiel car quatre ans plus tard, la région souffre encore de cette catastrophe.

Impatiente d'aller à la rencontre des communautés rurales, notre petite équipe part en jeep de très bon matin. À cette heure, les véhicules n'ont pas encore envahi la ville qui étouffe dans un nuage de poussière permanent la journée. À cause de l'absence de macadam sur les routes, cette poussière recouvre absolument tout, des véhicules eux-mêmes aux panneaux publicitaires en passant par les chaussures normalement bien cirées des hommes d'affaires. Elle s'infiltre dans les maisons comme dans les poumons de ceux qui les habitent. S'engager dans la circulation des rues de Katmandou c'est plonger dans un nuage flou et opaque et surtout faire confiance aux amortisseurs de sa voiture. Les nids de poule remplacent les dos d'âne mais font rarement ralentir les conducteurs qui me donnent tous l'impression de s'entraîner pour le Paris-Dakar. Pourtant, au fur et à mesure que nous avançons dans les forêts qui bordent la ville, je regrette de plus en plus ces routes citadines. La Jeep rebondit dans tous les sens. Secoués, bringuebalés, notre seule parade est de nous caler les uns contre les autres sur la banquette arrière pour éviter de heurter de la tête le plafond de la cabine. Je m'accroche aux poignées et tente d'amortir les chocs. Le trajet est long, mais pour nous c'est l'aventure ! Nous traversons cascades et cours d'eau. La jeep se fraie un chemin entre les branches feuillues qui barrent la route. Les montées abruptes mettent à l'épreuve la résistance de notre véhicule ainsi que l'agilité du chauffeur. À plusieurs reprises nous devons descendre de la voiture afin de l'alléger. Finalement, le conducteur nous fait signe que la Jeep ne passera pas la montée et nous terminons la route à pied. Ravie de prendre l'air et de reposer mon oreille interne, je suis le groupe et grimpe avec eux un petit kilomètre avant d'arriver au village. L'ambiance est gaie et nous rions de ce contretemps jusqu'à notre entrée dans la communauté. L'enthousiasme retombe brusquement.

J'ai souvent été confrontée à la pauvreté au cours de ma mission. Avant d'installer le centre LP4Y à Djhalli, je suis partie à la rencontre de nombreuses communautés. De la même façon que ma perspective a changé entre mon arrivée et mon départ du bidonville, mon regard sur la pauvreté a évolué. À Katmandou par exemple, ma première impression du bidonville de Jagritinagar s'est davantage concentrée sur la rencontre avec l'autre que sur les conditions de vie elles-mêmes. Je me suis habituée à écouter les gens raconter leur histoire plutôt que de m'attrister devant l'état de leur maison. Même lorsque le contact est difficile à établir, les enfants trop heureux de voir du nouveau, brisent la glace instantanément. Jouer avec eux, les faire rire en dansant et mimant mille personnages m'a souvent assuré leur confiance et la bienveillance des adultes. Certains volontaires utilisent la photo pour échanger, d'autres la musique ou la chanson, moi je m'agite dans tous les sens, accompagnée d'une ribambelle d'enfants joyeux. Leur curiosité apporte un peu de fraîcheur. Face à cette réalité dure, parfois violente, je n'ai jamais ressenti de pitié pour les jeunes car eux-mêmes ne s'apitoient pas sur leur sort. Avec énergie, ils travaillent le plus souvent à trouver des solutions plutôt qu'à pleurer. À présent, à l'entrée d'un bidonville, c'est ce potentiel qui me saute aux yeux, mais lorsque j'arrive dans ce village de Nuwakot, l'atmosphère est très différente, l'accueil froid, rigide. Les enfants nous regardent d'un air méfiant et craintif. Leur malnutrition est si visible et leur désolation si grande que, pour la première fois depuis longtemps, je suis choquée. Comme ces enfants éteints, les maîtresses de l'école sont fatiguées de devoir faire leurs cours parmi des bouts de tôle. Aucun espoir ici… D'ailleurs, nous ne rencontrons presque pas de jeunes. Tous sont partis, vers Katmandou ou à l'étranger. Plus tard, lorsque je rencontrerai Sabina Tamang, une jeune du Green Village, native de Nuwakot, travaillant d'arrache-pied à son insertion professionnelle, les images de ce village me reviendront, et donneront un sens particulier à son parcours. Pour le moment, nous sommes témoins d'une situation figée, d'un village enclavé entre les montagnes où rien n'arrive à temps. La trentaine de kilomètres que nous avons parcourus en trois heures de jeep paraissent bien plus longs lorsqu'il faut les faire, accrochés à un vieux bus bondé. Par temps de mousson, les rivières et les cascades deviennent des torrents infranchissables. Les chantiers de construction n'avancent pas, les hôpitaux sont loin. L'exclusion géographique à laquelle je fais face me bouleverse et j'imagine alors les villages de la région du Far West Népal. Ce ne sont plus trois heures de routes boueuses qui les séparent du monde extérieur mais un trajet en avion suivi de douze heures de bus et d'un trek de sept jours. Habituée à travailler dans les bidonvilles urbains je pensais être confrontée à la même pauvreté au-delà des collines, mais mes attentes étaient loin de la réalité locale. De plus, être pour une fois spectatrice et non actrice, a été pour moi, difficile à accepter. Désemparée face à mon impuissance, je repars de Nuwakot et laisse derrière moi ce village qui disparaît au loin.

Je porterai longtemps ce sentiment de solitude et d'injustice. Ne rien pouvoir faire, quel crève-cœur ! L'acceptation était pour moi synonyme de résignation et de défaite, mais elle peut être tout autre chose. Accepter c'est savoir réduire son importance, ne pas s'accrocher à l'idée que seuls, nous pouvons changer le monde. La communauté de ce village de Nuwakot n'attendait rien de moi alors pourquoi ai-je ressenti le besoin d'agir pour eux et la culpabilité de ne rien pouvoir faire ? C'est seulement après avoir accepté cela, que j'ai été capable de m'ouvrir à d'autres structures, d'autres partenaires qui, ensemble, forment un écosystème. J'ai dû apprendre à me mettre de côté, à accepter de ne rien faire et à ne pas me laisser abattre. Dans le chapitre sur l'acceptation dans *Le Livre de la Joie,* Douglas Abrams reprend des préceptes bouddhistes : *« Une fois qu'on a accepté la vie telle qu'elle est et non telle qu'on la désire, on prend un chemin plus agréable, on s'écarte des routes tortueuses et chaotiques (dukkha), avec son lot de souffrances et d'insatisfactions, et on poursuit sur une voie paisible (sukha), simple, heureuse. »* De retour à Katmandou, à la recherche de partenaires pour recruter les jeunes du Green Village, nous avons redoublé d'efforts pour travailler avec des organisations népalaises présentes dans des régions rurales du pays. L'acceptation est ainsi devenue la clé. Sans accepter que seule je ne pouvais rien faire, je ne me serais peut-être jamais tourné vers eux. À présent, la devise de LP4Y, Together we can, ne résonne plus pour moi comme une formule bateau et aseptisée mais comme un encouragement à l'humilité.

***

Parfois la seule contribution possible c'est le simple fait d'être présent. Certaines situations ne demandent aucune action concrète, aucun partenariat, mais une solidarité silencieuse, une écoute.

Après quelques mois de recherche, et grâce à l'aide précieuse des jeunes et de la communauté, nous trouvons finalement un bâtiment en plein centre de Djhalli pour lancer officiellement LP4Y à Bangalore. Avec seulement deux appartements au rez-de-chaussée, il nécessite la construction d'un étage supplémentaire. Ma co-volontaire Géraldine se concentre sur les devis et les prospections de chef de chantier alors que j'assure la formation et continue à recruter les jeunes.

Aujourd'hui, l'équipe est au complet et c'est jour de guidance. Rythmée par des jeux, des temps personnels de réflexion et des discussions en groupe, la guidance est mon moment préféré de la semaine. J'aborde des sujets essentiels : combattre la peur d'une première journée au travail, gérer ses émotions, résoudre un conflit. Ce jour-là, nous réfléchissons sur ce qui est professionnel ou non en termes de comportement et de code vestimentaire. Alors que les jeunes débattent, la mère de Sadiya se présente à la porte. Sadyia est une newcomer, une jeune qui a récemment intégré le programme. Je connais bien sa mère parce qu'elle habite dans la maison voisine du centre, j'étais d'ailleurs en visite de famille chez elle la veille. Je lui ai expliqué les objectifs du programme, j'ai pu rencontrer tout le voisinage, encore une fois faire des grimaces aux enfants et prendre le poupon de la voisine dans les bras. Si les rues de Djhalli appartiennent aux hommes, les foyers sont des territoires presque exclusivement féminins. Lors de ma visite je rencontre la grand-mère de Sadiya, je rigole avec ses tantes et ses cousines. Sa maman a un sourire radieux. Je suis donc inquiète lorsque je l'aperçois, à la porte, les yeux remplis de larmes. Dans notre salle, plus personne ne parle, toutes les jeunes écoutent ses explications tourmentées. Bien entendu, l'histoire m'échappe entièrement et je ne peux que constater l'effet de ses mots sur Sadiya qui à son tour se met à pleurer. Ayesha m'explique alors que le bébé de la voisine, celui qui gloussait dans mes bras moins de vingt-quatre heures auparavant, est mort. Abasourdie, je peine à réaliser la violence du drame. Sadiya rejoint immédiatement sa voisine pour partager sa douleur. Nous continuons la guidance avec ce poids énorme, ce chagrin. A midi, je décide de passer brièvement chez la voisine pour lui apporter tout mon soutien mais je ne la connais presque pas et je me demande si elle souhaite ma présence. Je m'approche discrètement, la mère de Sadiya me fait de grands signes et me dit d'entrer. Autour de l'enfant, une dizaine de femmes prient, pleurent ou restent en silence serrant la main de la mère effondrée. Dans *Le Livre de la Joie*, la tristesse est abordée comme le plus grand obstacle à la Joie, pourtant Desmond Tutu, est convaincu qu'elle nous mène tout droit à l'empathie et à la compassion et nous aide à comprendre combien nous avons besoin les uns des autres. Je vois bien à ce moment, que cela, les femmes d'ici l'ont compris. Elles se serrent dans les bras, regorgent de compassion et d'amour. Chacune a accepté son incapacité à agir et se repose sur la force du groupe.

Aujourd'hui encore, l'injustice de cette mort me semble inacceptable. J'ai tu cet évènement pendant plusieurs mois. Encore aujourd'hui, je refuse de lâcher prise et il m'est douloureux d'évoquer cette journée. Le volontariat ne m'a pas transformée en moine bouddhiste, détachée de tout, j'y ai seulement appris quelques clés. Je sais maintenant que l'acceptation est le but, partir m'a aidée à le comprendre.

***

La mission en elle-même, le simple fait de prendre la décision de partir en volontariat c'est déjà accepter de ne plus contrôler grand-chose. Après un entretien d'embauche et quelques échanges de mails, les préparatifs commencent. Dans mon cas, il s'agissait simplement de résilier mon abonnement téléphonique et de changer de banque, mais pour d'autres c'est un réel bouleversement. Il faut démissionner, rendre son appartement ou même vendre sa maison, parfois sa voiture. Certains partent avec leurs enfants, et doivent les changer d'école. Laisser famille et amis pour partir vers l'inconnu, voilà un choix de vie qui peut provoquer des désaccords !

« Que vas-tu chercher si loin ?… Tu devrais te trouver un vrai travail !… Pourquoi pars-tu à l'autre bout du monde pour faire quelque chose que tu pourrais faire ici ? »

Toutes ces inquiétudes étaient pour moi difficiles à entendre. Décidée à partir, j'avais au contraire besoin de soutien et j'étais en colère contre ceux qui demandaient des explications que moi-même je n'avais pas encore. Mon instinct n'était pas une raison valable, je devais exposer ce que j'allais gagner à partir avant même d'avoir fait mes valises. D'ailleurs, je n'avais que très peu d'informations sur la mission qui m'attendait. Les mails que j'avais échangés avec LP4Y étaient volontairement vagues, m'indiquant uniquement le lieu de ma mission et l'intitulé du poste. Je me suis fait une raison : en partant avec trop d'informations, j'aurais eu des attentes irréalistes, j'aurais couru le risque d'être déçue. Accepter de s'engager dans un pays étranger et travailler à une mission pour le moment abstraite, avec des personnes inconnues ; être consciente de ce que je laisse sans savoir ce que je vais gagner, accepter l'incertitude, voilà qui donne le la à toute cette aventure.

Choisir d'aller sur le terrain, c'est prendre conscience que ce terrain peut être une piste cyclable comme un marécage boueux. Les photos de mes vacances sous les cocotiers faisaient rêver, mais personne ne m'enviait mon Noël glacé à Katmandou, peinant à faire fonctionner les ordinateurs. De nombreux inconforts, des lenteurs, des imprévus et des échecs m'ont fatiguée et agacée tout au long de ces trois ans. Les négociations ratées, les projets qui n'avancent pas, les changements de mission, les confinements, tous ces obstacles étaient autant de motifs de me plaindre. Pourtant j'ai continué à renouveler mon engagement auprès de LP4Y, j'ai choisi de rester là-bas. En connaissance de cause, j'ai décidé que les trainings réussis, les visites des jeunes en entreprise, la fierté des parents devant le succès de leurs enfants, la complicité dans l'équipe, les discussions entre volontaires, les trajets en rickshaw, les weekends à Goa et les balades entre les temples de Katmandou surpassaient le tout. Prendre de la hauteur et me rappeler les raisons de mon engagement, voilà ce qui m'aidait à accepter les désagréments. Avec le recul, ce n'était pas ces difficultés que je retenais, mais plutôt un chaï savouré dans une famille ou un biryani partagé avec les jeunes. Ce sont ces moments d'échanges qui, instantanément, me remotivaient.

Trois ans plus tard, de retour en France, l'acceptation reste un pilier sur lequel je travaille. Je pensais avoir acquis quelques qualités de détachement durant mon volontariat, le choc du retour m'a confirmée que l'acceptation demeure un « work in progress ». Chacun vit cette étape différemment. Pour certains, partir était une parenthèse qui s'inscrivait dans un projet de vie déterminé, il n'y avait rien à accepter puisque le retour était prévu et organisé. Pour moi, le retour fut un parcours rempli d'embûches. J'ai dû laisser derrière moi une partie de ma vie, de mon quotidien, mon travail, ma maison, mes amis, mes voisins, les jeunes. Je rentrais avec l'idée d'un nouveau départ mais sans l'excitation de la découverte. Je savais exactement où j'allais atterrir, à Roissy/Charles-de-Gaulle en pleine crise COVID, mais je n'avais aucune idée des épreuves qui m'attendaient.

Lorsque j'ai revu un par un les membres de ma famille et mes amis les plus proches, j'ai voulu tout raconter : mon expérience, ma mission, mes appréhensions, mes succès. Je savais que la mission m'avait profondément changée et je voulais partager cette certitude avec eux. Je voulais tout dire tout de suite, et j'attendais d'eux qu'ils ressentent mon vécu avec la même intensité que moi. Je ne comptais pas sur un accueil en fanfare avec tambours et trompettes à mon arrivée au Terminal 2E mais, en mon for intérieur, peut-être égoïstement, j'espérais que mon retour arrête un moment le quotidien effréné de mon entourage.

Car, c'était en partie pour eux que j'avais pris la décision de rentrer. Réciproquement je pensais prendre une place toute aussi importante dans leur vie, j'attendais une attention que personne ne m'avait promise. Les autres aussi avaient changé. Pendant trois ans, eux aussi avaient vécu des événements, mariages, bébés, décès, déménagements, changements de travail. Je ne pouvais pas leur demander de tout arrêter pour se concentrer sur ma vie. Et puis, la transmission ne se fait pas d'un jour à l'autre. C'est petit à petit, à travers les dîners, les conversations, au fil du temps qu'ils m'ont fait part de leur curiosité et que j'ai pu progressivement raconter mes histoires. Afin d'accepter ce décalage, je devais comprendre leur perspective. Ils voulaient d'abord me retrouver pour vivre des choses ensemble, pour se créer de nouveaux souvenirs avec moi, pas pour m'écouter raconter les miens. La place qu'avait pris mon volontariat dans mon espace mental ne correspondait pas du tout à celle qu'il prenait chez les autres. Au cours d'une discussion, même en passant une heure à parler de mes aventures, ce n'était pour moi jamais assez. Je ne voulais pas parler d'autre chose, et paradoxalement, je n'avais pas les mots. Je n'arrivais pas à exprimer mes idées de manière claire car tout se mélangeait dans un bloc de souvenirs désordonnés. À cette question redoutable « alors c'était comment ? », je n'allais pas plus loin que des adjectifs tous aussi vagues les uns que les autres. Je voulais rendre un bilan synthétique alors que je n'avais encore aucun recul. Je voulais que mes proches vivent et comprennent ce que j'avais vécu alors que je n'arrivais pas à le formuler. Je blâmais ceux qui m'écoutaient sans enthousiasme.

Puis j'ai dû accepter le décalage. Chez LP4Y, un des maîtres mots est la bienveillance, entre volontaires comme avec les jeunes et vis à vis de la communauté. Dans mon travail comme dans ma vie personnelle, j'avais toujours quelqu'un pour me soutenir, m'épauler, être de mon avis, me pousser avec gentillesse et compréhension.

De retour en France, je me confronte à une réalité très différente. Certaines personnes s'inquiètent de mes états d'âme, mais la majorité se concentre sur une seule et même question : « Et maintenant, quels sont tes projets ? » Dans l'environnement dans lequel j'ai grandi, il faut toujours avoir plusieurs longueurs d'avance, prévoir, planifier, se projeter dans le futur. C'est d'ailleurs ce que l'on partage avec les jeunes, ce qui leur permet d'anticiper et d'organiser leur projet de vie. Il est essentiel de cibler ses ambitions et ses rêves pour qu'ils soient réalisables. Mais cela requiert un travail, une disponibilité que je n'avais pas pendant les quelques mois qui ont suivi mon retour. J'avais au contraire besoin d'immobilité. Je voulais que le temps s'arrête pour assimiler tout ce qui s'était passé ces dernières années. L'oisiveté, mère de tous les vices dit-on, était pour moi une nécessité avant de me lancer dans la suite de ma vie. De nature extravertie et sociable, j'avais étrangement besoin de solitude pour me recréer des repères. J'étais en suspension, je n'étais plus là-bas mais pas tout à fait rentrée non plus. Je devais vivre ma transition, réaliser que ma vie en Asie était terminée et l'accepter.

Le retour a été un passage brumeux où tout était nouveau sans vraiment l'être. Je ne savais pas si j'étais dans un rêve ou si je venais de me réveiller. L'écriture de ce livre est un moyen d'accepter le retour, de trouver les mots justes, d'envisager de nouveaux projets, surtout de ne rien perdre et de comprendre, en le formulant, ce qu'a été ma mission.

HUMILITÉ

Le contrat était clair, la philosophie de LP4Y aussi. Être volontaire c'était vivre dans un bâtiment proche d'un bidonville, c'était adopter un mode de vie proche de celui des jeunes que l'on coach tout en maintenant des conditions de vie décentes… C'était aussi pour cela que j'étais partie, pour tester ma résistance à un quotidien moins confortable.

Au cours de mes deux premières semaines de volontariat à New Delhi, lors de la formation LP4Y, je découvre rapidement la différence entre la réalité et mon imaginaire.

Non, je ne dormirai pas avec quinze personnes dans la même chambre, sur un futon jeté au sol. Oui, il y aura du papier toilette

Non, je ne vais pas passer l'année à ne manger que du riz et des lentilles

Oui, à Delhi en plein mois d'Août, il fait chaud… très chaud.

Je me réveille après une première nuit mouvementée sur le sol indien. La température ne baisse pas avec le coucher du soleil, et chaque coupure d'électricité qui du même coup éteint le ventilateur, me sort de mon sommeil. Mes draps sont trempés, je ne rêve que d'une chose, une bonne douche fraîche ! J'entre dans la salle de bain, les yeux mi-clos. Perplexe, je m'aperçois que le pommeau de douche est absent. J'ai beau chercher, je ne vois rien, qu'un robinet au mur qui goutte dans un grand seau. Énigmatique ! J'exclus l'option d'utiliser la douchette des toilettes, mon bon sens me dit que celle-ci a une autre utilité. Je tourne autour du seau, en me creusant les méninges. Qui aurait cru que ma première difficulté en arrivant en Inde serait de prendre une douche ? Je regarde autour de moi, je m'attends à trouver le tuyau d'arrosage ou l'installation ingénieuse qui pourra me soulager de la chaleur. J'aperçois un autre seau, plus petit, sur le rebord du lavabo, celui-ci a une poignée ; voilà un indice de taille ! Il reste un peu d'eau à l'intérieur. J'en déduis que quelqu'un vient de prendre sa douche, c'est donc cet outil-là qu'il me faut ! Je ris de mon ignorance, me dis qu'il n'y a pas mille façons d'utiliser un seau pour se laver, mais je ne suis pas non plus complètement sûre de moi. Prendre sa douche au bucket, comme on dit dans le jargon, ce n'est pas quelque chose qu'on explique en formation. Non, il n'y a pas de manuel « Comment prendre sa douche en mission ? ». C'est un geste qui est devenu si naturel aux volontaires aguerris que je n'ose demander à personne le mode d'emploi. J'imagine bien qu'on va douter de mes capacités à lancer un centre à Bangalore si je ne sais même pas utiliser un bucket. Problème, c'est bien la seule chose que je ne pourrai pas faire par mimétisme. Je ne pourrai jamais glisser un œil discret dans la serrure de la porte pour m'inspirer des techniques des autres. Alors je reste là, à attendre que le seau se remplisse, nue et impatiente dans cette salle de bain de Delhi, les bras croisés devant le jet d'eau qui s'écoule sans pression du robinet. Arrive maintenant l'étape qui reste, à mes yeux, la plus confuse. Quel est le geste le plus efficace pour se verser l'eau dessus ? Y a-t-il une technique bien précise que je ne connais pas encore ? Faut-il être debout ou accroupie ? Commencer par la tête ? Par les membres ? Je décide finalement de faire à ma façon, m'appropriant ce geste routinier, gardant pour moi mes secrets de la douche au bucket. Lorsque ce sera mon tour d'accueillir les nouveaux volontaires je me ferai un malin plaisir de les laisser découvrir par eux-mêmes l'art et la manière de se doucher.

Perdue dans les nombreux détails du quotidien, la douche a fait partie des nouveautés qui m'ont demandé une adaptation. Les coupures d'électricité, les pénuries d'eau, le trop chaud ou le trop froid, tous ces aléas participent à la construction de l'image du volontaire, cette sorte de guerrier, vivant à la rude pour aider les jeunes. Avant même de partir, je pensais qu'il n'y aurait pas de place dans mon expérience pour le superficiel ou le superflu, et j'ai malheureusement fait mes valises en conséquence. Dans les vingt-trois kilos autorisés, je n'ai pris que de vieux T-shirt usés, des pantalons de randonnée et des pulls sans forme. J'ai laissé bijoux, crèmes et vernis à mes copines. Partie dans une optique de détachement, simplement pour donner du sens, je me sentais fière de n'emporter que l'essentiel. Cette démarche, aussi noble me paraissait-elle, n'était pas tout à fait réaliste. Quelques semaines en Inde ont suffi à me faire regretter de ne pas avoir glissé dans mon sac, une petite robe bien coupée et de jolies chaussures. C'est notamment en côtoyant les jeunes du Green Village à Katmandou que l'image du super-volontaire s'est déconstruite.

La pédagogie du Green Village (GV) est différente de celle du Life Project Center (LPC) dans lequel je travaillais à Bangalore. Tout d'abord les jeunes commencent le programme tous en même temps contrairement à la pédagogie LPC dans laquelle les jeunes arrivent au compte-gouttes. L'autre différence majeure, c'est l'aspect résidentiel. Pendant trois mois, vingt jeunes femmes vivent dans le centre, s'approprient les lieux, se font à manger, lavent leurs vêtements et dorment ensemble dans les dortoirs. C'est l'occasion pour elles d'être à 100 % plongées dans leur intégration professionnelle sans aucune distraction extérieure. Cela leur permet aussi de créer une cohésion d'équipe, précieuse lorsqu'elles font face à des épreuves. L'avantage du résidentiel pour nous, volontaires, se trouve dans les moments informels, lorsqu'on discute, que l'on cuisine et que l'on partage une partie de leur quotidien.

Début janvier, le GV vient d'ouvrir ses portes. Ce soir-là, je dors au centre. Emmitouflée dans mes polaires, doudounes et chaussettes de ski, je termine de dîner avec les jeunes. Malgré les 5°C ressentis, c'est une soirée pleine de chaleur. L'air sent le piment et la coriandre, les jeunes débarrassent leurs assiettes dans la bonne humeur. Certaines sont déjà dans leurs chambres, habillées, maquillées, prêtes pour inonder les réseaux sociaux de vidéos TikTok. Comme d'habitude, je suis la dernière à finir mon assiette après m'être servie deux fois de dahl et de curry de légumes. Le froid me donne faim et les plats cuisinés par les jeunes sont délicieux. Je suis accompagnée de Menuka, Ganita et Saraswati qui, ce soir, constituent l'équipe vaisselle. Nous discutons des améliorations à apporter au centre pour qu'elles s'y sentent au mieux. Le sujet prédominant reste l'accès à l'eau. Le bâtiment dans lequel nous louons les deux derniers étages et la terrasse, puise dans une réserve d'eau commune pour tous les habitants de l'immeuble. L'approvisionnement est gouvernemental et nous sommes en saison sèche au Népal. Résultat, nous n'avons presque jamais d'eau. Une seule solution pour le moment : appeler des camions privés pour remplir le réservoir commun. C'est une alternative couteuse et lente car il existe un délai entre le moment de la commande et celui de la livraison. Aujourd'hui, le réservoir est plein, nous avons donc assez d'eau pour faire la vaisselle et frotter les casseroles. Tandis que Ganita et Menuka s'occupent des assiettes et des couverts dans l'évier de la cuisine, c'est Saraswati qui se charge d'astiquer les poêles à l'extérieur, au robinet de la terrasse. Il est 20 h 30, il fait nuit noire, en tong dans l'eau gelée, Saraswati s'attèle à la tâche.

Saraswati n'est pas comme les autres. C'est la plus âgée, elle a 26 ans, comme moi. C'est aussi l'une des seules mamans. Ses deux enfants sont restés à l'internat de nos partenaires, Saru et Pramod, le temps des trois mois de formation. Elle n'a pas sa langue dans sa poche, bien qu'un peu timide en anglais. Dès son arrivée au centre, on peut l'entendre raconter ses histoires d'un étage à l'autre, accompagnées du brouhaha et des éclats de rires des autres. Je découvre sa vivacité d'esprit au fur et à mesure de l'avancée du programme. Après seulement deux mois de formation, elle a tout compris. Lors d'un évènement ouvert aux personnes de la communauté, elle explique avec un naturel troublant ce qu'est un business plan, comment faire ses comptes, comment créer une activité pérenne. LP4Y permet aux jeunes d'apprendre, de se transformer et de devenir maîtres de leur futur. Saraswati a compris cela et a décidé de saisir à pleine main cette opportunité.

Une fois la vaisselle terminée, elle va chercher son linge et, profitant de notre réserve en eau, commence sa lessive. Elle frotte ardemment ses chemises à la brosse. Son petit corps dégage une force inouïe, elle essore ses draps et ses vêtements puis en profite pour mettre sa tête sous le robinet et se laver les cheveux. Je grelotte pour elle. Toujours dans la cuisine, je discute avec Ganita et Menuka, je leur dis mon admiration pour Saraswati. Elles traduisent ma phrase en népalais. Saraswati me répond d'un sourire : « Louchi, it's holiday for me ! No children, no mother, only my clothes ! »

Face à Saraswati, à sa résistance à elle, je suis loin d'être une super-volontaire. Au contraire. Je vois souvent les jeunes rire de ma sensibilité douillette lorsque l'eau est trop froide ou lorsque je porte, avec peine, des bidons de 20 litres d'eau potable dans les escaliers.

Je revois les moments où, en transit, nous n'avions pas encore acheté de machine à laver avec Géraldine à Bangalore. Une plage horaire du week-end était dédiée à ma lessive. Accroupie dans ma salle de bain, je détestais voir mes doigts se fripper à cause de l'humidité. Mon énervement atteignait son paroxysme lorsqu'une panne d'électricité coupait non seulement la lumière mais aussi la pompe à eau et par conséquent la possibilité de me laver les mains. Dans le noir, couverte de mousse, je grommelais dans mon coin. Pourtant, ces difficultés, non seulement j'avais choisi de les vivre, mais j'avais aussi le privilège de pouvoir y échapper si j'en avais envie. Alors pourquoi s'obstiner à vivre ainsi ? Pourquoi les volontaires n'habitent-ils pas dans des appartements où l'eau chaude coule à flot et l'air conditionné tourne à plein régime ? Vivre dans des conditions similaires à celles des jeunes m'a permis d'ajuster mon positionnement. Lorsqu'à Bangalore, les jeunes ont quelques minutes de retard parce que l'eau distribuée par le gouvernement vient d'arriver aux puits, ou quand à Delhi, certains ont du mal à se concentrer parce qu'il fait 45° C, je comprends. Lorsqu'à Katmandou, une jeune doit rentrer chez elle car la mousson a inondé sa maison, je comprends aussi. Les conditions de vie des volontaires ne sont pas identiques à celles des jeunes ; mais le fait que les centres soient situés au sein de leur communauté, proches de leurs propres foyers nous amène à mieux les comprendre.

À côté de cela, je dois trouver le juste milieu et ne pas tout accepter sous prétexte que leur conditions de vie sont difficiles. Je continue à leur parler de ponctualité, de concentration et d'organisation pendant leur formation car je sais que leur futur employeur ne sera sûrement pas aussi compréhensif. Elles doivent pouvoir allier conditions de vie et contraintes professionnelles. Aller chercher de l'eau et être à l'heure. Finir son travail et trouver du temps pour faire sa lessive. Lorsque je les vois jongler entre tous ces impératifs, avec énergie et détermination, je me dis avec certitude que ce sont elles les guerrières.

***

L'organisation du travail propre à LP4Y, la collaboration entre les équipes de volontaires et la bienveillance qui en émane invitent à l'humilité. Postes et missions sont interdépendants, les succès collectifs. Dans les LPC, il y a deux voire trois coachs, s'occupant chacun d'une équipe de dix-sept jeunes. Ceux-ci se réfèrent au coordinateur pays pour discuter des différentes problématiques, prendre du recul et envisager la stratégie à long terme de leur centre. De son côté, le coordinateur discute avec ses homologues des défis auxquels les coachs font face dans le pays, afin de mettre en place des solutions de plus en plus efficaces. En plus du coordinateur, le coach se repose sur quatre volontaires, chacun maître dans son domaine : l'organisation et le management, la gestion des micro-activités, les partenariats et la pédagogie. Même lorsque le coach établit le budget, organise et conduit un évènement seul, il ne faut pas oublier que l'équipe communication ainsi que les bénévoles des équipes LP4Y en Europe et aux Etats-Unis lèvent les fonds et permettent à tous ces projets de se réaliser. Chez LP4Y rien n'est possible seul, travailler ensemble est tout à la fois la condition et la conséquence du projet dans sa globalité. Les éléments de la pédagogie évoluant constamment, si chaque volontaire est spécialiste dans son domaine, il reste tout au long du parcours dans une posture d'apprenant. Le but de la mission, même si l'ego en prend un coup, c'est de ne jamais se rendre indispensable.

En Inde comme au Népal, le fil rouge de ma mission, outre la présence au côté des jeunes, a été la recherche de bâtiment. Lors de ma première année je suis partie à Bangalore pour ouvrir un centre ; je suis ensuite allée à Katmandou, en deuxième année, pour en ouvrir un autre et enfin en inaugurer encore un avec le Green Village lors de ma troisième année de mission. Or, évidemment, chaque lancement de projet débute par la prospection d'un lieu. Où que j'aille, le schéma s'est répété : je déambule dans les rues, j'approche les passants et les commerces, en leur détaillant les pré-requis. Certains prennent mon numéro de téléphone, d'autres sautent sur l'occasion et me font visiter palaces et cabanes, écoles et bergeries, dans l'espoir d'en tirer le prix fort. N'étant ni fine négociatrice ni extrêmement persévérante, ces recherches ont été laborieuses pour moi. Elles m'ont demandé efforts et patience. Je me suis investie au maximum. Seulement, ma démarche n'était pas dénuée d'intérêt personnel. Je voulais faire partie d'un projet qui marche et que ce soit exclusivement grâce à moi que le centre tourne. Comme tous les coachs j'avais énormément d'autonomie et de marge de manœuvre sur le projet. Avec Géraldine nous étions seules à choisir quel bâtiment retenait notre attention et méritait qu'on le partage avec l'équipe coordination. Petit à petit, je me suis complètement approprié le projet. À chaque visite, avant même d'avoir choisi un bâtiment, je m'imaginais décorant le centre avec les jeunes, organisant la cérémonie d'ouverture, installant mes affaires dans ma chambre. Pour moi, toute cette phase de prospection n'était pas vraiment le cœur de ma mission et j'avais hâte de me plonger entièrement dans le coaching. C'est en partie pour cela que je n'ai pas cessé de renouveler de six mois en six mois. Une fois le bâtiment trouvé, je n'imaginais pas partir avant la fin des travaux, puis je voulais voir les premières jeunes trouver un travail. Je voulais qu'il y ait une fin au projet, afin de pouvoir me considérer responsable du succès dans sa globalité.

C'était *mon* centre, c'étaient *mes* jeunes, c'était *mon* précieux.

J'ai dû mettre, une fois de plus, mon ego de côté et comprendre que je n'arriverais jamais au bout. Heureusement d'ailleurs, car c'est cela qui fait la pérennité de LP4Y. Au Green Village Katmandou, nous avons trouvé et installé le centre temporaire, accueilli une première promotion que nous avons suivie jusqu'à leur intégration, mais tant d'autres avancées restaient inachevées à mon départ : trouver un terrain, construire le centre en structures écologiques, réussir le défi d'intégrer 240 jeunes par an… la liste est infinie. Il faut pourtant savoir laisser la place. C'est l'ensemble des volontaires, leur diversité, leurs différences qui enrichissent les projets et les pédagogies. Certains se concentrent sur les rénovations, d'autres sur l'aspect professionnalisant des micro-activités, d'autres encore sur les partenariats avec les entreprises. Parce que le projet n'appartient à personne, il s'adapte et ne s'essouffle pas. Le départ d'un volontaire ne détruit pas tout son travail, au contraire, c'est précisément au moment où il laisse sa place qu'il peut généralement percevoir le fruit de ses efforts. Lorsque les jeunes prennent de l'assurance et montrent eux-mêmes le fonctionnement du centre aux nouveaux volontaires. Hélas, je ne voyais pas les choses de cette façon. Passer le flambeau aux nouvelles recrues m'a confronté à mes mauvais génies. Un sentiment d'injustice s'est sournoisement glissé dans ma relation avec Emilie, venue au Népal pour me remplacer en tant que GV Leader à Katmandou. Je souhaitais pourtant faire preuve de sagesse en l'accueillant à bras ouverts. J'avais tout prévu, anticipé les problèmes, préparé les solutions, mis en ordre les affaires en cours… Je voulais qu'à mon départ, Émilie se sente bien, confortablement installée. Toutefois, notre passation qui ne devait durer qu'une petite poignée de semaines s'est éternisée à cause du confinement. Mes belles intentions se sont peu à peu ternies. Lui confier des responsabilités est devenu de plus en plus difficile. Sans comprendre pourquoi, je développais de sombres sentiments, colère, envie, jalousie même. Après tout, j'étais celle qui avait produit les efforts, celle qui avait trouvé les premiers jeunes et ouvert le centre. Et quoi ? J'aurais dû à présent laisser le projet, comme cela, tout simplement, à une personne qui ne connaît rien au fonctionnement de LP4Y ? J'avais mis du temps à développer ce projet, j'avais acquis une expérience du terrain durant trois ans et elle, sans même s'être confrontée au rôle de coach, récupérait les fruits de mon travail. Alors, n'importe qui pouvait ainsi assurer cette position, pourtant si complexe à construire ? D'un côté je ne supportais pas d'avoir ce genre d'analyse, et de l'autre je n'arrivais pas à penser autrement. Ce que je ressentais était, malheureusement, en complète contradiction avec ce que je voulais pour le projet et surtout avec mes intentions vis-à-vis d'Émilie. Ma raison me dictait de tourner la page humblement, mais mon ego freinait des quatre fers. Je ne lui reprochais rien personnellement et je me suis efforcée de ne pas rapprocher mes propres réticences avec des aspects de sa personnalité. La situation aurait pu être bien plus facile si je ne m'étais pas entendu avec elle, j'aurais pu la critiquer, entrer en conflit avec elle et mélanger allègrement l'aspect professionnel et personnel de ma mission. Émilie ne s'est jamais mise en avant et a toujours respecté les difficultés que j'avais à lui laisser la place. Je voyais qu'elle allait reprendre le projet avec justesse et succès, j'avais seulement du mal à l'admettre. Dans ces circonstances pleines de confusion, une phrase du *Livre de la Joie* m'a particulièrement éclairée : *« Aucun de nous n'est immunisé contre la fierté et l'égo, mais la véritable arrogance vient de l'insécurité. Le besoin de se sentir supérieur aux autres vient d'une peur panique d'être inférieur »*. Et en effet, cette situation révélait très clairement ma peur qu'Émilie, volontaire sans expérience, fasse un meilleur travail que moi. J'étais étonnée de la puissance de mon ego qui aurait sûrement été comblé de la voir échouer, alors que j'aurais été triste et en colère que le projet s'écroule à mon départ. Mon succès était directement lié au sien et pourtant je n'arrivais pas à le lui souhaiter… Drôle de paradoxe !

En décortiquant la situation, je m'aperçois que ce que je voulais par-dessus tout, c'était de la reconnaissance. Ma mission me demandait de faire preuve d'une humilité que je n'avais pas. J'étais en fait frustrée de ne pas recevoir assez d'éloges. Pourtant, lorsque mes co-volontaires, celles qui me côtoyaient tous les jours, celles qui étaient les réels témoins de mon travail, me félicitaient, je refusais leurs commentaires, arguant que j'aurais pu faire mieux. Enfermée dans de vieux modèles, je voulais que la reconnaissance vienne de la hiérarchie. Tout d'un coup, la situation me renvoie à mes années de lycée. Scolarisée à Paris dans une école prestigieuse, tout autour de moi me poussait à la compétition, à la comparaison avec les autres. Je me revois debout pendant les lectures de notes trimestrielles lorsque le directeur annonçait mon classement en maths et en français devant toute la classe. Il fallait être la meilleure. Je ne pouvais vivre des succès que si d'autres connaissaient des échecs. En outre, la personne garante de ce classement n'était autre qu'un directeur aigri que je ne voyais qu'une fois par trimestre, pendant ces mises en scène ridicules. Pour autant, ses appréciations avaient, à mes yeux, plus d'impact que n'importe quelle parole valorisante des rares professeurs bienveillants de cet établissement. L'humilité qui invite à considérer que nous sommes tous égaux dans notre humanité, que chacun a la même valeur, n'avait pas place dans ce système où le corps enseignant et sa hiérarchie détenaient un pouvoir démesuré sur les élèves. En arrivant chez LP4Y, j'avais été rapidement prévenu que le modèle n'était pas construit sur une structure verticale. Bien entendu, Jean-Marc et Laure, qui ont fondé le projet, sont plus à même d'avoir une vision à long terme et de prendre des décisions sensées. Toutefois, chaque volontaire a son mot à dire, et toutes les idées, tous les commentaires ont la même valeur, qu'ils viennent d'un coach ou d'un coordinateur. Pendant mes lancements de projet, par exemple, j'avais une totale autonomie de décision, j'étais la propre juge de mon succès. C'était, pour moi, aussi libérateur que déboussolant. D'un côté, j'appréciais de ne pas être jugée sur mes moindres actions mais de l'autre, j'attendais toujours une tape dans le dos pour continuer. J'étais plus satisfaite lorsque Jean-Marc m'envoyait un pouce en l'air sur WhatsApp que lorsque mes colocataires me rassuraient sur mon travail. Ce n'était pas logique. Je ne cherchais pas la reconnaissance des personnes qui pouvaient mesurer l'efficacité de mon travail, mais celle de quelqu'un que je considérais comme supérieur par son titre…

Il fallait que je me détache de tout cela.

La seule reconnaissance précieuse devait être la mienne propre. La plus belle des récompenses ne devait plus être un message ou un commentaire rapidement envoyé, mais mon expérience auprès des jeunes, leurs avancées, et tout ce que j'ai appris de leurs difficultés. Ce que j'ai acquis, personne ne me le retirera. En prenant la place de Green Village Leader, Émilie ne me volait rien. Lors de notre passation, je lui ai certes laissé mon titre en bas de ma signature mais je ne lui ai pas donné toute l'expérience qui va avec. Celle-ci, c'est à elle de la vivre, de faire ses propres choix et d'avoir ses propres succès.

***

Si ma relation avec les jeunes a souvent dégonflé mon ego, celle avec mes proches a plutôt eu l'effet inverse. Pour certains d'entre eux, ma décision de partir était tout à fait extraordinaire.

Alors que je faisais mes premiers pas dans ma mission, je me plaisais à raconter les différences de quotidien entre ma vie en France et celle que je menais en Inde. C'était un vrai défi de garder la tête froide en entendant mes proches me dire : « Comment, tu n'as même pas de vraie douche ? Mais comment fais-tu ? » ou « Tu sais, je parle de toi autour de moi, je suis vraiment impressionné par ce que tu fais. Moi je n'aurais jamais pu. » Maintes fois j'ai dû me retenir de répondre : « Oui c'est vrai, c'est très très dur, mais tout ça c'est pour les jeunes ! » Ces répliques auraient sonné faussement modestes. Ce sens artificiel du sacrifice n'aurait pas été celui de ma mission, ni celui de mes motivations. Cela dit, j'avoue qu'il m'était quelquefois difficile de rester humble face à tant d'éloges. Un jour, j'ai découvert les effets pervers de toutes ces flatteries.

Ma journée de travail terminée, je suis sur le chemin du retour avec quelques jeunes et nous traversons Djhalli en discutant. À Bangalore, le soleil se couche vers 18h, c'est généralement le moment où nous sortons du centre. Sous un ciel aux teintes rosées nous avançons entre les maisons aux murs colorés. Le groupe s'amenuise à mesure que chacune rentre chez elle. Je serre des mains et lance des « asalam wa aleykoum » à des mamans qui me proposent d'entrer chez elles. J'accepte parfois, mais ce soir, fatiguée, je rentre directement à notre appartement et retrouve Géraldine affairée à ses comptes rendus. Nous discutons de nos journées respectives avant de retourner chacune à ses occupations. Tout en préparant un chaï, je décide d'appeler Edwige. Quelques minutes plus tard, mon thé est prêt, je suis bien installée sur notre balcon face au soleil couchant et les doigts de pieds en éventail. Edwige est une amie du lycée, nous nous connaissons depuis plus de 10 ans et j'ai l'impression qu'elle a toujours fait partie de mon entourage.

Je ne l'ai pas appelée depuis mon arrivée en Inde. Nous avons partagé ce genre d'amitié qui traverse des mois sans nouvelles sans en subir le moindre dommage. J'imagine donc qu'elle est agréablement surprise de mon appel quand elle me dit :

—Waouh Lulu, dis donc ça fait un bail !

— Oui, je suis trop contente que tu répondes ! Tu as un peu de temps là ?

— Euh oui, enfin pas exactement…

— Pourquoi ? Tu es où ?

— En fait c'est un peu le stress là. Je suis dans le taxi pour le mariage de ma pote Mathilde, tu te souviens ?

— Oui, oui, et alors ?

— Bah, je suis témoin et je suis carrément en retard à l'église. Il y a des bouchons, ça n'avance pas…

— Ah oui d'accord, je t'appelle au bon moment quoi !

— Non, mais j'ai trop envie que tu me racontes, mais là je suis méga stressée. C'est pas le genre de chose que tu pardonnes à ton témoin ça ! Et puis comment vais-je faire pour me faufiler dans l'église ? Tout le monde va me voir, j'ai des talons qui me font super mal aux pieds, enfin c'est l'enfer quoi !

Aussitôt je l'imagine flippée dans la voiture. J'imagine tout à fait la gêne qu'elle va vivre en entrant dans l'église et je préfère être à ma place plutôt qu'à la sienne. Je lui fais part de mon empathie lorsqu'elle me répond : « Enfin, je suis désolée de t'embêter avec tout ça. Ça doit te paraître complètement futile à côté de ce que tu vis… » Surprise, je ne m'attendais pas à cette remarque. À mes yeux, sa situation n'a rien de futile. La façon dont elle me perçoit m'amuse. Comme si, vivant maintenant en Inde, les seuls problèmes dignes de mon intérêt devaient être uniquement liés à la survie. Je n'ai aucune envie de devenir cette personne. Au contraire, je tiens à rester disponible pour mes proches.

Lorsque j'étais en mission, je comprenais l'importance de cette remise en question pour vivre sereinement la distance. Le contact quotidien avec les jeunes me poussait vers l'humilité. Je n'avais pas le choix. Comment aurais-je pu me vanter face à Saraswati de prendre ma douche au bucket ? Impossible. La réelle difficulté est arrivée lors de mon retour en France. Lorsque les jeunes n'étaient plus là. J'étais pourtant prévenue des risques de devenir une donneuse de leçon mais comme toujours, je ne pensais pas être concernée.

A peine quarante-huit heures que j'ai atterri. Encore sonnée par le retour, j'ai du mal à réaliser que tout ce que j'ai vécu pendant trois ans est terminé. Malgré le décalage, je me réjouis de revoir ma famille. J'ai la chance de retrouver l'amour inconditionnel de ma mère qui s'occupe de moi comme si j'étais une rescapée. « Tiens, je t'ai acheté du comté et des cornichons…Va prendre une bonne douche chaude, je te prépare ton lit si tu veux faire une sieste ! » Ses attentions me réconfortent. Le lendemain, nous partons déjeuner chez mon frère aîné. Voilà presque un an que je ne l'ai pas vu. Je suis particulièrement heureuse d'aller chez lui car il est le seul à être venu me voir au Népal. Il comprend donc la magie de Katmandou, il a lui-même rencontré quelques jeunes et a pu me voir dans mon environnement. Nos retrouvailles sont d'autant plus spéciales qu'elles se font dans son nouvel appartement, tout beau, tout neuf, acheté pendant mes années de mission. Je découvre les moulures au plafond, le parquet bien ciré et le carrelage posé avec attention. Il me montre fièrement chaque pièce de l'appartement et souligne pour chacune les travaux qui restent à faire. Plus la visite avance, plus je me sens déplacée, décalée. Je me retiens de lui dire qu'il a déjà la chance d'avoir un toit sur la tête. Parler de sa nouvelle cuisine ou du type de table basse qui s'accordera le mieux aux couleurs de son salon me heurte. À cet instant, je me sens au-dessus de tout cela. Dans les premiers moments de mon retour, je m'interdisais d'instinct de parler de toutes ces choses futiles, la pluie et le beau temps, les pannes de métro et les nouvelles modes de fleurs séchées. Je voulais trouver du sens partout et tout le temps. J'avais une sorte de peur panique de redevenir, à l'identique, la personne que j'étais trois ans plus tôt, d'oublier tout ce que la frugalité, la sobriété heureuse m'avaient apporté en mission. Maintenant qu'à mon tour, je discute du canapé que je vais installer dans mon salon et de la couleur des coussins, je comprends que cela ne fait pas de moi quelqu'un de superficiel pour autant. J'attendais des autres qu'ils donnent du sens à mon quotidien alors qu'il ne tient qu'à moi d'en donner.

***

Pour des relations profondes et des rapports authentiques, je devais considérer chaque personne comme mon égal. En Inde comme au Népal, il m'a fallu être vigilante car je tombais facilement dans la critique des pratiques et traditions locales, hiérarchisant une nouvelle fois, non pas des personnes, mais des modes de vie. Le piège de se sentir supérieure était évidemment bien présent et il m'était, même malgré moi, difficile de l'éviter.

Le simple fait d'être étrangère, changeait mes relations aux autres et les teintait de préjugés. Parfois, ces a priori me desservaient, notamment à Djhalli où j'ai souvent été méprisée pour être une femme sans mari. S'arrêtant à la couleur de ma peau, certains ne me considéraient que comme un portefeuille bien rempli ou une cible à entourloupes.

Pour d'autres, ma présence était le gage d'un avenir meilleur. Certaines familles mettaient un point d'honneur à m'accueillir en grande pompe. Lors de mes premières visites, les parents, les frères et sœurs mais aussi les proches ainsi qu'une bonne partie du voisinage m'attendaient de pied ferme. Ils prenaient mes mains jointes pour les poser sur leur front, d'autres me couvraient d'encens ou de colliers de fleurs. Dès mon arrivée, le biryani était déjà prêt. Les femmes ayant cuisiné des heures durant, me servaient des montagnes de riz sans jamais remplir leur propre assiette. Consciente de la situation financière difficile de ces jeunes, je m'étonnais de voir de la viande dans les plats qu'ils m'apportaient. Je comprenais qu'ils avaient fait le choix d'utiliser un peu de leurs économies juste pour moi. Ces visites me donnaient l'impression d'être une sauveuse. Naturellement, je me sentais spéciale. Pourtant, ces cérémonies étaient à mes yeux l'indicateur d'une mauvaise intégration dans le quartier. Plus j'étais considérée comme l'invitée d'honneur, plus je devais redoubler d'effort pour abaisser les barrières et qu'on se sente à l'aise de partager avec moi, en toute simplicité. J'ai appris à me repérer, à connaître les habitants et les commerçants par leurs prénoms. Eux-mêmes me voyaient aller et venir dans les rues de Djhalli. Je connaissais les raccourcis, les moindres passages secrets du bidonville.

Habituées à me côtoyer, les familles ont fini par m'accueillir comme une vieille connaissance. Je n'étais plus seule, assise, à manger mon riz face à une foule guettant mon appréciation. L'image qu'ils avaient de moi avait changé et nous pouvions, ensemble, déguster un chaï et échanger comme le font de bons voisins ; mais là encore subsistait le risque de se sentir meilleur que les autres. Je ressentais un certain avantage face aux touristes déboussolés, et je me plaisais à étaler mes connaissances de la culture du pays. Quelques mois après mon arrivée, j'en savais assez pour épater la galerie des nouveaux venus en les abreuvant d'anecdotes. Face aux expatriés aussi, je pensais tout mieux savoir. Ils avaient, pour la plupart, plus d'expérience que moi dans le pays, mais aucun n'avait été autant en contact avec les populations locales. En cela, ma mission me procurait un sentiment de supériorité. Enfin, même face aux nouveaux volontaires, il m'était agréable de prendre cette posture de l'ancienne. Je savourais les nombreux instants où j'expliquais comme des évidences ce que j'avais moi-même découvert quelques mois auparavant. Mais, même si j'avais tendance à me considérer comme experte du quartier, un petit reste d'humilité finissait toujours par me rappeler que je n'étais qu'un oiseau de passage, et que ma place restait celle de l'invitée. Le risque de me sentir supérieure m'est apparu aussi face aux jeunes, dans ma position de coach. Je pensais que nos rôles étaient bien distincts : les jeunes étaient là pour apprendre et moi pour enseigner.

Avant mon arrivée à Bangalore, j'ai passé trois semaines avec Géraldine à coacher les jeunes du centre de Sangam Vihar à New Delhi. L'équipe avait pour micro-activité, la rénovation et la création de mobilier. Nous devions accompagner les jeunes à la production d'objets décoratifs, coudre des sets de tables, peindre et dessiner sur des boîtes en métal ou travailler le bois. Malheureusement, mon bachelor en gestion hôtelière ne m'a appris ni la menuiserie ni la couture ; j'étais donc désemparée. Je voulais bien faire, j'aurais aimé que le rendu final soit impeccable, mais je n'avais pas la manière de faire. Je pensais que les jeunes attendaient de moi que je les corrige, que je leur montre comment procéder, mais j'en étais incapable. Pourtant, il m'était impossible de l'admettre. Je devais garder cette posture de transmission de connaissance et ne pas révéler mon ignorance au risque de perdre toute légitimité auprès des jeunes. Je devais avoir raison sur tout pour garder ma crédibilité ; mais perdue avec une scie circulaire entre les mains, je ne pouvais définitivement pas m'improviser charpentier. Tétanisée à l'idée de manier cet outil, je redoublais de prudence, je vérifiais à maintes reprises l'emplacement de mon entaille avant de faire fonctionner la machine. Même chose lorsque je leur donnais de l'argent pour faire des achats. Sans aucune idée du prix des matériaux ni du lieu des bonnes affaires, je n'avais d'autres choix que de me laisser guider et de leur faire entièrement confiance. Au fil du temps, écouter les jeunes, apprendre d'eux, m'a permis de me libérer des faux semblants et du paraître. C'est en cela que le fonctionnement de LP4Y nous apprend l'humilité dès les débuts. Nous ne sommes pas des professeurs qui déversent leur savoir. L'apprentissage se fait en collaboration. Dans de nombreux cas, et le plus souvent possible, ce sont les jeunes eux-mêmes qui détiennent les secrets du bon fonctionnement de la micro-activité ou du centre dans sa globalité. Ce sont finalement eux qui transmettent le savoir technique et la connaissance de la communauté au coach.

Même en vivant dans des conditions de vie proches de celles des jeunes, dans des communautés exclues et pauvres, mon pouvoir d'achat restait bien plus élevé que la moyenne. Je venais d'un pays dit développé pour m'installer dans un pays dit en voie de développement et ce contexte influait, encore une fois malgré moi, sur ma perspective. Mes incompréhensions se traduisaient souvent par des jugements à l'emporte-pièce : la circulation et les infrastructures étaient *chaotiques*, certaines croyances étaient *absurdes*.... Il est si facile de tirer des conclusions hâtives et de faire des généralités. Rien ne m'empêchait de jouer le jeu des conditions de vie difficiles, de prétendre être intégrée à la communauté et de me réfugier à la moindre occasion chez des amis expatriés dont la culture était facilement lisible et proche de la mienne. Cela demande du temps et un effort considérable de renoncer à tout comparer avec ce que l'on connaît ; en particulier de ne pas prendre la France comme référentiel. Face à des événements choquants et même si je voulais réellement découvrir et absorber cette nouvelle culture, je ne pouvais pas me retenir de penser parfois : « Heureusement qu'en France, on ne fait pas de telles choses. »

***

Voilà près d'un an que je suis en Inde. Clémence, nouvelle volontaire, vient prendre la relève de Géraldine. C'est sa première semaine dans le quartier. Comme moi il y a un an, elle découvre avec curiosité l'appel à la prière et les vaches au milieu de la rue. Seulement, cette semaine n'est en rien similaire aux autres. Les préparatifs battent leur plein depuis le début du mois, les jeunes sont plus que prêtes et les chants du muezzin se font de plus en plus passionnés car mercredi, c'est Bakra-Eid. Ce festival musulman célèbre l'histoire d'Abraham prêt à sacrifier son fils Ismaël pour prouver son obéissance à la volonté de Dieu. Avant qu'Abraham ait pu agir, Dieu arrêta son bras et lui donna alors un agneau à sacrifier à la place de son enfant. En commémoration, l'Islam célèbre Bakra-Eid en mettant un animal à mort. Le rituel exige qu'un tiers de la viande soit consommé par la famille et que le reste soit distribué aux pauvres.

L'atmosphère du quartier a totalement changé depuis quelques jours. Devant toutes les maisons, des moutons, des poulets, ou même des vaches sont regroupés en fonction des moyens de chacun. Le propriétaire de notre appartement, qui est aussi notre voisin, a choisi un dromadaire. C'est la première fois de ma vie que j'en vois un de si près. Il a autour du cou une chaîne qui le rattache à la grille de notre immeuble depuis quelques jours et je croise son regard placide tous les matins en allant au centre. Sa peau est marquée de cicatrices, pourtant son cou large et musclé porte fièrement sa tête à la mâchoire puissante et ses grands cils lui donnent un petit air coquet. De mon balcon, je le regarde ruminer, changer parfois de position. Je me demande le chemin qu'il a dû parcourir pour arriver dans cette impasse de Djhalli. Pour moi, les dromadaires sont originaires du nord de l'Inde, particulièrement du Rajasthan. C'est un animal qui aime la sécheresse, la chaleur ainsi que l'immensité du désert et non la folie citadine de Bangalore. À mes yeux, seuls les nomades apprivoisent cet animal sauvage et noble, et cultivent du même coup un rapport complice avec lui. J'imagine les routes ensablées qu'il a traversées, les marchés sur lesquels il a été vendu puis racheté ainsi que les interminables trajets en camion. À présent, piétinant le goudron et le regard fixé sur la télé des voisins il m'apparaît comme une image découpée dans un magazine et collée dans le paysage. Comme les autres animaux du quartier, il est peint et décoré. Certains moutons portent des grelots sur leur cornes dorées, quelques vaches sont parées de pompons. Ces animaux sont bien nourris, choyés tout au long de leur dernière semaine de vie. Enfin, la veille du jour J, l'effervescence des périodes de fêtes bat son plein. Au marché de légumes, tout le monde se bouscule, on achète les ingrédients nécessaires pour accompagner le bout de viande choisi. À l'image des Galeries Lafayette un 24 décembre, la foule est au rendez-vous. Les sacs débordent d'aubergines, d'épinards ou de pommes de terre. Le vendeur de coriandre ne sait plus où donner de la tête et les étals de tomates sont presque vides. Les femmes négocient sec le moindre kilo d'oignons face aux hommes assis en tailleur derrière leur balance et leurs montagnes de légumes. Cet enthousiasme contagieux me gagne et je rentre finalement à l'appartement, excitée moi aussi, de célébrer Bakra-Eid.

Le lendemain, je me réveille avec cette impression que le Père Noël n'est pas loin. C'est jour férié, nous prenons donc notre café tranquillement en discutant avec Géraldine et Clémence. Nous oscillons entre l'envie de voir cette fête de plus près et la peur de ce que nous allons découvrir. Je sors sur le balcon, jette un coup d'œil dans la rue. Le dromadaire n'est plus là. À la place, une dizaine d'hommes en blanc s'affairent entre leur appartement du rez-de-chaussée et l'entrepôt d'en face. J'aperçois la silhouette de l'animal assis dans ce petit local au moment où l'un des hommes referme la porte derrière lui. Je quitte le balcon. J'ai à peine le temps de m'asseoir à la table du salon qu'un cri long et rauque m'arrête net. Avec mes co-volontaires, nous échangeons un regard effrayé. Mon cerveau, lentement, fait le lien. Je n'ai qu'un mot en tête : horreur. Comment peuvent-ils faire cela ? Après quelques heures passées dans l'appartement à tourner en rond, nous décidons de sortir. Avant d'accéder à la rue principale pour sauter dans un rickshaw, nous passons devant l'entrepôt, une flaque de sang marque l'entrée. Sur les trottoirs, des petits stands sont installés pour brûler les pattes des moutons et des chèvres. L'odeur de chair grillée a envahi le quartier. Je voudrais pouvoir sortir les yeux fermés et ignorer les squelettes étalés à chaque coin de rue. Des tentes ont été montées devant les maisons mais laissent tout de même les passants apercevoir les cadavres à moitié dépecés. Les pattes, les intestins et les peaux sont méticuleusement séparés puis nettoyés à ciel ouvert. Les rues ressemblent à des champs de bataille. Je ne peux plus rester là.

Le lendemain, je retourne au centre, soulagée. Bakra-Eid est terminé. Mais les flaques de sang sont toujours là, les squelettes aussi. Je m'approche du centre, j'ouvre la grille et je me retrouve nez-à-nez avec un amoncellement d'os devant la porte. Le couloir que nous partageons avec les voisins est rempli de pattes de dromadaires et de crâne de vaches aux cornes encore intactes. Le souffle coupé, je fais un pas en arrière. Je m'énerve aussitôt et lance haut et fort le classique « this is not professional ! » Je m'élance vers les voisins, hurlant : « Vous vous rendez compte ! C'est un centre de formation et vous laissez cela comme ça, mais c'est horrible. Je vous prie de nous débarrasser de ces carcasses immédiatement ! »

Évidemment, je fais rire la galerie ; les jeunes se moquent de moi allègrement. Pour elles, il n'y a rien de choquant, pour moi, il n'y a rien de drôle.

Avant tout, les termes mêmes de s*acrifice animal à des fins religieuses* a pour moi de sérieuses connotations négatives. J'imagine une forêt en pleine nuit, des hommes en robe à capuche éclairés à la bougie et récitant des mots en latin en tranchant la gorge d'un poulet pour gagner la vie éternelle. Il fallait donc que je reprenne tout depuis le début, car même si l'Eid est une tradition à caractère religieux qui peut échapper aux cartésiens, elle permet aussi de nourrir les plus démunis. Fier et généreux, notre propriétaire viendra d'ailleurs toquer à notre porte pour partager avec nous sa viande de dromadaire. J'ai accepté, à contrecœur. Il est plus facile de pointer du doigt, de se rassurer en attribuant ce qui nous dérange à leur « étrange culture » plutôt que de remettre en question ses propres pratiques. Je savais que l'humilité pouvait m'amener à partager la joie de leur célébration, mais c'était plus fort que moi, impossible de me réjouir. Le morceau de dromadaire restera bien longtemps dans le frigo, avant que Clémence ne se décide à le cuisiner. Moi, je n'y toucherai pas.

Comme le dalaï lama et Desmond Tutu l'expliquent : *« une vision plus globale du monde guide nos pas vers la sérénité et l'équanimité. Cela ne signifie pas que nous n'avons pas la force d'affronter un problème, mais nous pouvons l'affronter avec souplesse et compassion plutôt qu'avec raideur. »*

HUMOUR

J'ai toujours été le petit boute-en-train de ma famille. Petite, je m'esclaffais à propos de tout et n'importe quoi, si bien que pendant les repas de famille, en bout de table, pliée en deux, j'avais la larme à l'œil laissant les adultes à leurs conversations sérieuses. Mais si rire n'a jamais été difficile pour moi, je n'avais jamais jusqu'alors considéré l'humour tel qu'il est abordé dans *Le Livre de la Joie*. Desmond Tutu y explique que *« ce qui compte c'est d'être capable de rire de soi, de ne pas se prendre trop au sérieux. Je ne parle pas de mesquinerie, dont le but est de rabaisser son voisin pour se sentir supérieur. Le but est de rassembler les gens. Il faut savoir rire de ses propres failles, et faire rire les autres à nos dépens, sans leur donner de sentiment de culpabilité. L'humour bienveillant est une invitation au partage »*. Le rire, ainsi perçu, va bien au-delà du simple plus allégeant le quotidien, il devient une clé. L'humour est cet outil qui complète l'humilité et me permet d'échanger avec des personnes dont je ne comprends pas la langue. Au fil des visites de familles, j'exerce mon humour, développant tous ses muscles. Ces rendez-vous au cœur de la communauté sont un camp d'entraînement à l'autodérision. Face à une culture qui m'est tout à fait étrangère, je me retrouve bien souvent pataugeant dans une mare de maladresses qui ne manque jamais de faire rire mon entourage.

Neha est une jeune de Djhalli. Elle a rejoint le programme depuis peu, mais n'a pas cette timidité propre aux nouvelles recrues. Malgré un anglais approximatif, elle trouve toujours un prétexte pour rire. Elle me donne l'impression de glousser en permanence. Sous son niqab, son sourire ne la quitte jamais. Moi qui demeure constamment à la recherche d'un bon public, je m'entends bien avec elle. Sa mère m'invite aujourd'hui à venir manger le dhal chez elle. Je saisis l'opportunité et insiste pour venir un peu avant le dîner pour aider à préparer. Le dhal est un de mes plats préférés, je suis donc bien curieuse d'en connaître les secrets. Neha et sa mère s'étonnent :

— But Lucie, you know how to make Dhal, right ?

J'ai l'impression d'être une extraterrestre qui demande, toute excitée, la recette des pâtes au beurre. Cette visite est l'occasion de rassurer les parents de Neha de leur prouver que le projet est sérieux et que je suis totalement à même d'accompagner leur fille vers l'emploi. J'évite de passer pour une novice et leur réponds, sûre de moi :

— Yes of course, but I want to see how you do it. Après tout, voilà un an que je suis en Inde et je pense avoir l'agilité pour m'adapter à n'importe quelle situation.

Pour la famille de Neha, cette visite n'est pas une affaire de cours de cuisine mais surtout une occasion de me voir de plus près, ce n'est pas tous les jours qu'elles reçoivent une blanche à la maison. Les voisines sont sorties dans la rue pour prendre part à l'événement. J'imagine toutes les discussions qui ont dû s'enchaîner alentour depuis la veille. Auprès du marchand de tomates comme chez la voisine, la mère de Neha a dû répandre la nouvelle avec fierté. « Tu ne sais pas qui vient dîner ce soir ? »

À mon arrivée, je suis prête à me montrer sous mon meilleur jour et à répondre aux attentes que j'imagine très hautes.

Après les « asalam wa aleykoum » d'usage, je suis Neha qui me fait signe d'entrer dans la maison. Je me déchausse à l'entrée et me baisse assez pour éviter le cadre de la porte. Jusqu'ici c'est un sans-faute. Une fois à l'intérieur, la pression monte. Je sens les regards à l'affût.

Après une brève présentation de LP4Y nous passons à la préparation du dhal. Neha et sa mère, accroupies sur le sol autour d'une cocotte, coupent les tomates et préparent les pots d'épices. Je m'attelle à la tâche, avec une grande application. L'enjeu est de taille. Comment la mère de Neha peut-elle me prendre au sérieux en tant que coach professionnelle si je ne m'en sors même pas en cuisine ? Seulement voilà le problème, aucune planche à découper à l'horizon. J'applique méthodiquement tout ce qu'on m'a appris en formation : observation puis mimétisme. J'essaie leur technique, couper la tomate à même la main pour en faire des quartiers. Je respire un bon coup, un vulgaire légume ne saurait me décourager ! Je prends la tomate dans ma main avec la plus grande attention… je plante le couteau soigneusement dans la chair lorsque d'un coup elle explose entre mes doigts, repeignant, par la même occasion, une partie du mur.

Silence gêné…

Nos regards se croisent, je sens une goutte de jus qui continue de couler lentement jusqu'à mon coude. Je reste là, immobile, la bouillie de tomate entre les mains, lorsque la mère de Neha éclate de rire. Subitement, je quitte l'image solennelle que je m'étais imposée, pour plonger avec elle dans un énorme fou rire. Les idées toutes faites et représentations de chacune écartées, nous pouvons nous rejoindre dans notre humanité. La pression retombe, je continue mon apprentissage. Mes maladresses, les unes derrière les autres, font rire de plus belle ! Les épluchures de l'ail se collent à mes doigts humides. Je me revois enfant, les mains plongées dans la préparation du gâteau au chocolat.

Puis, c'est au tour des chapatis[13] de se coller entre eux.

Ce jour-là, le Mister Bean du bidonville, c'est moi !

***

En voyage aussi, l'autodérision est le maître mot pour garder de bons souvenirs d'expériences qui, sur le moment, peuvent sembler chaotiques. Pour transformer des jugements en anecdotes sympathiques je devais garder en tête ce précepte : ce n'est pas la culture qui est bizarre, c'est moi qui suis bizarre dans cette culture.

Lorsque j'ai dit à mes amis Indiens que je partais en voyage à Varanasi pour quelques jours, tous se sont accordés pour me dire : « Lucie, you have to try the Varanasi paan. »

Du pain en Inde ?! Je ne pouvais pas rater ça ! Varanasi paan, ces simples mots me renvoyaient aux odeurs de boulangerie le dimanche matin et au croustillant du pain sorti du four. J'imaginais une texture de mie savoureuse, entre le naan et la baguette. Alors, le jour où Géraldine et Jeanne s'attardent aux dernières bonnes affaires dans les magasins de kurtas, je les abandonne pour saisir ma chance. C'est maintenant ou jamais ! Je traverse la rue et me dirige vers une des nombreuses échoppes de la vieille ville. L'eau à la bouche, je demande :

— Ek Varanasi paan please[14].

Le vendeur, appelé paanwallah, me répond, sans un regard :

— Tobacco ?

Du tabac… dans du pain ? Étrange… Perplexe, je lui réponds :

— Euh, no thank you.

Je le vois alors préparer mon paan qui, vous l'aurez compris, n'a rien à voir avec du pain. Sur une feuille de bétel, le paanwallah

13 Pain plat traditionnel

14 Un Varanasi paan s'il vous plaît

étale toutes sortes d'épices, noix et sucreries qu'il referme méticuleusement dans un petit paquet charmant. À défaut d'être du pain, sa recette a au moins l'avantage de m'intriguer. Alors que j'observe des hommes aux dents douteuses ruminer leurs préparations, je récupère la mienne, prête pour l'expérimentation. À présent, le vendeur ainsi que le reste de sa clientèle sont tous aux aguets, impatients de voir comment je vais m'en sortir. J'ai autour de moi une petite assistance sympathique lorsque je croque dans le mélange à la texture étrange. Une bouchée suffit pour me rendre compte de mon énorme erreur. Dès le premier contact avec mes papilles, les saveurs s'entremêlent dans une pâte collante. Le paanwallah, sûrement très habitué aux expressions de dégoût des touristes dans ces circonstances, n'attend qu'une chose, que je recrache le tout, succombant à ma misère gustative… Mais il est hors de question que je lui donne satisfaction. Je ne suis pas une touriste comme les autres moi, monsieur !

Soutenant son regard, je mâche, encore et encore… faisant ressortir toutes les saveurs étranges de cette maudite préparation. Je comprends pourquoi les autres clients sont encore attelés à la tâche. Des odeurs immondes m'emplissent les narines, le tout me fait saliver à l'excès. Je ne distingue aucun aliment et ne me concentre même pas sur la question, mon seul but étant de ne pas régurgiter. Le paanwallah, amusé par ma détermination, me lance un sourire que j'essaie de lui rendre sans me baver dessus. Décidée à en finir, je déglutis le tout d'un coup, d'un seul. Fière mais pas folle, je capitule et je jette le reste de mon paan discrètement à la poubelle. Un petit air de victoire se dessine sur le visage de mon nouvel ami. Perdante de bout en bout, je garderai comme leçon une haleine fétide qui m'accompagnera pendant les 12 heures de train qui me ramèneront à Delhi.

***

Je ne m'attendais certainement pas à trouver tant de gaieté dans un endroit aussi sordide qu'un bidonville. Pour moi, la tristesse allait de pair avec la misère. Le poids de la pauvreté me semblait trop lourd pour réserver la moindre place à la légèreté du rire. Pourtant mon année et demie de coaching à Bangalore a été remplie de rires, de blagues et de complicité avec les jeunes comme avec leurs familles. Nous riions des mêmes choses, nous passions assez de moments ensemble pour nous connaître, savoir ce qui allait marcher ou pas. Mais dans quelle mesure le rire leur apportait-il de la joie ?

Comme tous les samedi matins, je conduis aujourd'hui des Individual Talk. Ces entretiens hebdomadaires avec chaque jeune me permettent de discuter en détail de leur projet de vie, des obstacles auxquels elles font face et de leurs perspectives d'avenir. C'est aujourd'hui au tour de Rajni. Elle est l'unique chrétienne de l'équipe et donc la seule dont je vois la longue chevelure noire, qu'elle coiffe en tresse ou sur le côté, lui donnant un air de fille sage.

Même si Rajni n'est pas très bavarde, elle a beaucoup de caractère. Lors de ma visite chez elle, j'avais senti les odeurs de whisky émanant de son père, et remarqué le regard résigné de sa mère. Surtout, je me rappelle les paroles étonnantes de sa sœur aînée. « Ne perdez pas de temps avec elle, elle n'en vaut pas la peine. » Mais Rajni vient au centre tous les jours, elle est aussi ponctuelle qu'investie.

Lorsque, ce jour-là, elle me rejoint dans la salle informatique, mon cerveau s'arrête net quand je remarque des scarifications sur ses bras nus. Dois-je en parler ou rester silencieuse ? Vais-je la mettre mal à l'aise ? Est-ce ma place de me mêler de sa vie à ce point ? Après tout, je ne suis pas psychologue ! Tout en discutant avec elle, je réfléchis. Elle porte des manches courtes, ses blessures sont visibles ; je ne suis sûrement pas la seule à les avoir remarquées et cela peut la desservir dans ses prochains entretiens ou ses futurs emplois. Alors, je commence doucement à prendre des nouvelles de sa famille, de ses amis, de son humeur. Comme toujours elle me répond que tout va bien.

— Do you want to talk about your scars ? Je ne sais pas à quoi m'attendre. Va-t-elle garder le silence ? Se mettre à pleurer ou quitter la salle en colère ? Non… rien de tout cela, elle se met à rire. RIRE !

— This ? It is nothing Lucie !

Je ne comprends pas. Rajni, entre deux éclats de rire, me raconte que lorsqu'elle se fait réprimander par sa mère, elle sort une lame et se taille les poignets pour que sa mère cesse. Elle continue à pouffer tout en faisant les gestes qui accompagnent son récit. Je reste bouche bée, interloquée. Puis je souris, extrêmement mal à l'aise. Impossible de l'arrêter pour lui expliquer que c'est très grave. Si elle a envie d'en rire, je ne peux que m'adapter. Le visage figé, je réfléchis au plus vite à la meilleure façon de réagir.

Ce n'est pas la première fois que les rires des jeunes me choquent. Je me rappelle l'embarras ressenti lorsqu'en plein training, Lakshmi nous avait expliqué les coups de bâton donnés par sa mère le matin même. Elle avait transformé cette violence en un sketch humoristique. Toutes les jeunes autour de moi étaient pliées en deux en l'écoutant insister sur les coups, mimer sa mère le balai entre les mains. L'hilarité était générale ! Perdue dans cette contradiction, j'étais restée sans voix. Pour moi, ces rires ne pouvaient pas être sincères. S'esclaffer ainsi était triste et révoltant. Raconter de tels malheurs, le sourire aux lèvres, ne pouvait que cacher un profond malaise. L'humour devait respecter un certain timing. Rire trop tôt d'un événement tragique manquait soit de délicatesse soit d'authenticité.

Mais l'humour nécessite-il un tel cadre, de telles restrictions pour être un pilier de la joie ? Le comportement des jeunes chamboulait une nouvelle fois mes convictions. En effet, je doute que Rajni et Lakshmi, une fois rentrées chez elles, seules le soir, continuaient à rire de ces violences. En revanche, face à moi ou en groupe, le rire leur permettait peut-être de dédramatiser la situation ? Vallait-il mieux en rire qu'en pleurer ? Prendre du recul, choisir le rire comme dernière issue face aux difficultés. Finalement, le rire était le seul moyen acceptable d'aborder un sujet grave. L'humour, un choix fédérateur, offrait du réconfort. Pas besoin de parler, de discuter pendant des heures. Les jeunes femmes partageaient leur vécu, se serraient les coudes, se comprenaient d'un regard. Rajni évitait le malaise et, en riant, ne m'obligeait ni à la réconforter ni à partager sa douleur. Au contraire, elle m'autorisait simplement à l'écouter.

Ou alors étais-je la seule que cette brutalité indignait ? La violence banalisée devenait un sujet de rigolade comme un autre. J'étais alors bien loin de leur perspective à elles.

Plus tard, lors d'une visite à une famille, je vois à la télévision une partie d'un film Kollywood[15]. L'actrice chasse son mari à coup de bâtons dans les escaliers. En fond, les rires rythment la scène. Ces images m'ont directement renvoyée à l'épisode de Lakshmi. Les jeunes ne voyaient pas, comme moi, une violence intolérable, mais peut-être un renvoi sous-entendu à ces comédies romantiques populaires ? Cette référence commune serait-elle donc la raison de ces rires indéchiffrables ?

Mes réflexions ne me laisseront qu'une certitude : leurs rires, sincères, gênés ou contraints, changeaient leur positionnement

15 Kollywood est une contraction du quartier de Kodambakkam, à Chennai dans le Tamil Nadu et de Hollywood. Le cinéma est une industrie des plus importantes en Inde.

lorsqu'elles étaient face à un problème. Elles n'étaient plus des victimes. Elles prenaient le pouvoir. L'humour n'était pas un but en soi et qu'importe l'interprétation que je lui donnais, c'était le moyen qu'elles avaient choisi pour partager.

***

Comme pour les jeunes, l'humour m'a souvent permis de prendre de la distance. Face à un problème, je remarquais que me raisonner par la logique n'était finalement pas très efficace. Se rassurer, se dire que nous ne sommes pas seuls à affronter cette difficulté ou qu'il y a toujours pire, peut fonctionner mais pas toujours. En colère, angoissée ou triste, j'avais toujours un contre-argument pour gonfler l'importance de mes tracas, pour les rendre indémêlables. À l'inverse, l'humour agit souvent de manière radicale face aux désagréments. Nulle intellectualisation, il fonctionne à mes yeux comme un réflexe. Cela signifie également qu'il est sensible à mes humeurs. Si je suis gaie, tout est drôle, mais contrariée, je ne veux rire de rien. Là se trouve donc ma marge de manœuvre vers la joie : être ouverte au rire, même et surtout lorsque rien ne m'y pousse.

Nous fêtons aujourd'hui l'anniversaire d'Ayesha et toutes sont ravies de le célébrer. Je devrais moi aussi me réjouir mais une somme de petits tracas (plus de beurre dans le frigo pour le petit déjeuner, mon polo pas sec de ma dernière lessive, les ordinateurs qui ne marchent pas…) m'ont précédemment irritée. Effet boule de neige, quantité d'éléments viennent alimenter ma colère. À la fin de la pause de 10 h, je vois les jeunes revenir avec un grand gâteau plein de crème, confettis et accessoires en tout genre. Je n'y crois pas ! C'est à ça qu'elles consacrent leur argent, leur épargne dont que je discute souvent avec elles, révisant les montants jusqu'à la moindre roupie ? Tout cela a dû coûter un bras ! Alors qu'elles reprennent leur travail sur leur microentreprise, j'en vois quelques-unes, le portable à la main, selfisant à tout va ! La colère m'envahit, je me contiens comme je peux. Certaine de ne pas dépasser les bornes, je leur lance simplement : « This is not professional ! » Leur bonne humeur m'exaspère de plus en plus. La matinée avance, la vaisselle sale empilée dans l'évier me fait presque exploser, mais la pause du midi n'est pas loin, je vais pouvoir souffler.

Arrivée à l'appartement pour déjeuner, je déverse sur Géraldine un flot incessant de plaintes, listant du même coup chaque mécontentement de la matinée :

— Tu te rends compte du prix du gâteau !... Là, j'ouvre la porte et qu'est ce que je vois ?... Je ne te parle même pas de la cuisine...

Géraldine tente de me calmer, de me faire voir plus loin que l'agacement :

— C'est normal qu'elles soient d'humeur festive, non ? Ce n'est pas tous les jours qu'elles peuvent acheter un gâteau ! C'est peut-être même la première fois qu'Ayesha passe son anniversaire avec des copines, loin des parents.

Je sais qu'elle a raison. A posteriori je dirais qu'à ce moment précis, une petite partie de moi veut se joindre aux réjouissances et oublier ma colère. Mais, comme une enfant qui boude, je décide de camper sur mes positions plutôt que de me joindre à la fête. Ce n'est pas le moment, pas la journée, voilà tout !

Après la pause, toujours tendue, pressée de voir la journée se terminer, j'y retourne. Les jeunes ont fermé la porte du centre, bizarre... Je les entends chanter, rire. Il est 13 h 59 et, d'après notre accord, elles devraient être en tenue professionnelle à 14 heures pile pour commencer leur travail en autonomie. Elles n'y seront pas, c'est évident. Je bouillonne ! J'en ai assez ! Si je dois crier, je le ferai. Qu'importe ce qu'il y a derrière la porte, je suis prête à leur faire passer un mauvais quart d'heure. Furieuse, j'ouvre !

Je n'ai pas le temps d'ouvrir la bouche. Ayesha, emportée par l'excitation, attrape la bombe de mousse artificielle et m'asperge de la tête au pied. Je m'arrête net et reste immobile. Je serais ridicule si je m'emportais à présent, je le sais ! Tout en m'essuyant les yeux, je vois parfaitement l'image que je renvoie : la coach énervée, couverte de mousse, qui lève le poing de rage ; d'autant plus hilarant. La blague est drôle, cela ne fait aucun doute. Un autre jour, en d'autres circonstances, j'aurais évidemment éclaté de rire sans hésitation, mais cette fois-ci j'oscille. Je comprends leur envie de m'inclure, mais mes exigences me tiennent trop à cœur. Dois-je considérer leur geste comme de la gentillesse ou comme de l'insolence ? L'interprétation ne dépend que de moi. Il semble que j'ai le choix après tout. Par fierté, je peux me vexer, laisser la blague me blesser et m'emporter de plus belle. Ou… ou je peux décider de renoncer à mon sérieux et à ma colère et tout simplement rire. Tout d'abord, encore un peu à contre-coeur, je souris. Moi qui jubilais de laisser exploser ma fureur, ce retournement de situation n'est pas évident à accepter. Mon sourire, même forcé, me détend. Je les vois se tordre de rire, c'est presque contagieux. Alors le déclic se fait et je me laisse aller. À mon tour de glousser. Je desserre les poings et laisse la colère glisser le long de mes doigts. Je ris.

***

Si l'humour des jeunes restait parfois énigmatique, celui de mes amis volontaires n'avait plus de secrets pour moi. Côtoyer les mêmes personnes chez soi et dans sa vie professionnelle est, pour beaucoup, inimaginable. Sortir de son lit, les cheveux en pétard et partager son premier café avec ses collègues de bureau pourrait être un véritable cauchemar pour certains. Heureusement, la colocation n'a jamais été un problème pour moi justement, car l'humour et la bienveillance des autres volontaires m'encourageaient à prendre des risques. Grâce à l'humour, je découvrais un flot de liberté, l'esprit « rien à perdre, on essaie, on verra bien et si on se plante, on en rira ensemble ! ».

Deux fois par an, tous les volontaires d'une même zone géographique se retrouvent pour un séminaire. Les autres volontaires sont impatients d'y participer, moi je suis sceptique. Mais dès mon premier séjour, je comprends l'excitation générale. L'évènement a plus des airs de cousinades que de réunions corporate. Pendant quatre jours nous enchaînons ateliers, jeux de rôles, conseils. Chacun s'ouvre. Moi qui adore écouter les autres décortiquer leurs émotions et discuter des miennes, je suis ravie !

Six mois plus tard, le séminaire est organisé dans un village de pêcheurs en bordure de Mumbai. Le thème cette fois-ci, c'est l'audace. Nous découvrons tous ensemble le programme d'exception concocté par l'équipe coordination. Quarante-huit heures, une seule activité : préparer un événement par et pour la communauté avec zéro budget. Les volontaires bouillonnent d'énergie et les propositions fusent. Nous concluons à l'unanimité que l'événement consistera à mobiliser les habitants du village pour ramasser les déchets sur la plage. Cette idée me paraît ambitieuse. Si, à Paris, une bande d'Indiens en polos bleus était venu me parler en terrasse de café pour me convaincre d'aller laver les bords de Seine, je leur aurais ri au nez ! Mais notre groupe est plus motivé que jamais et je ne compte pas jouer la rabat-joie. Avec quatre autres volontaires nous partons vers les hauteurs du village, l'ashram. Nous parions sur la générosité des fidèles pour participer à l'évènement et peut-être nous fournir du matériel. Le prêtre brahman nous reçoit avec un enthousiasme étonnant. Il décroche son téléphone et s'empresse d'avertir ses collègues, le temps pour nous de siroter un chaï et de profiter de l'ombre et de la fraîcheur. C'est bon ! Il est partant ! Satisfaits, nous sortons, prêts à rentrer à l'hôtel pour partager notre petite victoire. Je sors mon téléphone pour prévenir les autres lorsque, sur notre discussion de groupe, je vois s'afficher des dizaines de photos, plus loufoques les unes que les autres. Aux quatre coins du village, chacun se démenait pour faire rire la galerie. Certains posaient, à l'entrée d'un hôpital, des sacs remplis de gants pour récupérer les déchets, d'autres étaient entourés par les membres de la fanfare d'une école, prête à nous accompagner le jour J, un groupe enfin était allé jusqu'au centre de traitement des déchets pour récupérer des sacs en toiles. Tous ponctuaient leurs prouesses d'une photo farfelue, d'une blague ou d'un commentaire tordant. Pas d'exploit sans rire. Au fil de l'après-midi, nous jouions tous à faire mieux que les précédents. L'organisation de l'évènement devenait une course effrénée. Qui aurait l'idée la plus inattendue ? Quelle situation absurde surpasserait toutes les autres ? L'humour nous poussait à dépasser nos limites. En petit groupe, les rumeurs circulaient. « Mais non ? Ils sont allés chercher un tracteur chez un agriculteur du coin, je te crois pas ! » La bonne humeur n'a jamais autant garanti le succès d'une initiative. Même les difficultés étaient tournées en dérision. Tout valait le coup d'être essayé car tout était source d'amusement.

Le jour venu, conduites par cette joie de vivre, deux cents personnes se sont rassemblées dans la bonne humeur pour nettoyer la plage de Gorai. Un des pêcheurs, bien décidé à gagner le concours de l'invraisemblable, s'est chargé lui-même de faire venir un camion pour extraire les filets de pêche ensevelis dans le sable depuis des années. L'arrivée de l'engin a déchaîné l'euphorie. Deux cents personnes enthousiastes à l'idée de ramasser des déchets sur la plage, je me serais cru dans une opération Greenpeace ! Et pourtant rien à voir. Ni les pêcheurs, ni les volontaires, ni les écoliers n'étaient des écolos dans l'âme. Mes frissons venaient d'ailleurs. La portée de l'audace ! Pendant un moment, je n'ai eu peur de rien. L'humour était assez rassurant pour que tout devienne possible.

PARDON

Je n'ai jamais été vraiment rancunière. Non pas que je sois particulièrement tolérante, mais plutôt parce que j'oublie. Petite, dès qu'on me portait préjudice, je faisais vœu de silence éternel. Boudant dans mon coin, j'étais persuadée que rien ne pourrait me faire changer d'avis ! La colère était réelle, mon engagement inébranlable. Mais quelques minutes plus tard, une idée me traversait l'esprit et sans même pouvoir la retenir, sortait de ma bouche, pourtant scellée à jamais. Lorsque l'ennemi me répondait avec naturel, je réalisais, mais un peu tard, que ma promesse avait été rompue. Mon silence ne durait pas plus de dix minutes. Je ne tenais même pas assez pour qu'on ne s'en aperçoive. La parole alors retrouvée, la rancune n'avait plus d'intérêt et j'oubliais la raison de tous mes tracas.

Demander pardon. Là se trouvait la réelle difficulté. À mes yeux, le sans-faute était le but ultime, la ligne directive. L'erreur ne devait pas exister. Avouer c'était montrer publiquement sa fragilité, en prendre toute la responsabilité. Au lieu de m'exposer, je préférais regarder autour de moi pour trouver quelqu'un ou quelque chose à blâmer. Victime plutôt que bourreau. Plus que tout, l'idée de placer l'autre en décisionnaire de mon salut me demandait un effort surhumain. Mon égo refusait un tel risque. Le pardon, comme la générosité, est un pilier à double sens. Il y a la personne qui le demande et celle qui l'accorde. Demander pardon c'était s'abaisser, laisser l'autre choisir, et pas n'importe quel autre, celui-là même à qui j'avais causé un tort. L'acte nécessitait trop d'humilité, il fallait garder un peu de fierté après tout.

Rencontrer mes co-volontaires, et vivre avec elles au jour le jour, m'ouvrait encore une fois, de nouvelles perspectives. Si côte à côte, nous vivions presque les mêmes expériences, nos réactions étaient souvent bien différentes. Je m'étonnais par exemple, de la facilité avec laquelle certaines s'excusaient. Je découvrais le pardon léger, facile. Dans *Le Livre de la Joie*, les situations décrites dans le chapitre sur le pardon sont bouleversantes. Mais pour tous ceux qui ne sont pas des meurtriers ou des criminels, nos petites offenses faites aux autres, si ridicules soient-elles, sont pourtant bien là. Avant de demander l'absolution, il faut déjà prendre conscience du mal commis.

***

Voilà quelques semaines que nous avons ouvert le Green Village. Les jeunes prennent leurs marques. Nous aussi. Je traque chaque détail de l'emploi du temps, je me soucie du moindre retard pris par rapport aux objectifs fixés. En comparaison, le lancement du centre de Bangalore s'était fait à tâtons. J'étais alors nouvelle volontaire, je ne connaissais rien de cet étrange pays, des jeunes et de la formation. J'apprenais sur le tas et prenais le temps d'être à l'aise. Je voulais bien faire mais je n'avais pas vraiment les moyens d'être efficace. Aujourd'hui, avec deux ans et demi d'expérience, je me sens capable du meilleur. Certains centres de LP4Y m'avaient impressionnée par leur professionnalisme, certaines volontaires avaient toute mon admiration. Je voulais faire du Green Village Katmandou un projet phare et devenir une de celles qui marquent les esprits. C'était ma dernière mission, j'allais rentrer en France dans peu de temps, je voulais partir en beauté. Pour cela, pas de secrets, que du travail !

J'embarquais tout le monde dans ma folle exigence. Dès 6 h du matin j'ouvrais mon ordinateur pour revoir les trainings de la journée. Je voulais tout maîtriser. Notre équipe manquait d'un volontaire pour accompagner les jeunes, je leur avais donc proposé de compenser et de n'avoir qu'un jour de congé par semaine. Alors que nous répétions aux jeunes à longueur de journée ce qu'était un travail décent, nos propres conditions de travail ne répondaient plus à ces beaux discours. Sans le vouloir et dès le début, je nous ai toutes essoufflées. Partout, je cherchais la perfection. La pression que j'exerçais était démesurée. Je ne pense pas avoir été une sorcière hystérique en colère contre tout le monde, mais mon stress, si flagrant, était contagieux. Heureusement, pour éviter les dérapages nous avions un filet de sécurité, notre bonne communication. Entre nous quatre, nous pouvions tout nous dire.

J'avais déjà laissé passer deux semaines sans organiser de réunion d'équipe. Il était temps de faire le point. D'une part j'avais préparé une liste longue comme le bras de choses à améliorer, de l'autre, consciente de mon anxiété, je voulais m'expliquer. J'étais fière d'avoir pris la décision de m'excuser ; je me trouvais sage et mature. Je pensais ainsi crever l'abcès et réparer mes erreurs. De plus, en parler allait sûrement me tranquilliser. J'avais tout cela en tête lorsque nous nous sommes assises dans le bureau pour commencer notre réunion.

Il est 18 h, nous sommes fatiguées. Nous commençons par un traditionnel sharing time. Une à une nous racontons nos ressentis, nos émotions, chacune prend du recul sur le début de la formation, sur son rôle dans l'équipe. La journée a été longue, mon aveu prévu en fin de réunion me pèse, alors j'accélère le rythme pour en finir. Sans transition et militairement, je déballe tous les points notés sur mon portable :

— Il faudra vérifier les commandes de nourriture et les menus de la semaine prochaine, mettre à jour les documents sur le Drive, vérifier systématiquement le niveau d'eau dans la réserve… D'ailleurs je pense qu'il faut qu'on arrive au centre à 7 h 45 et non à 8 h pour être bien sûre que tout soit en ordre pour commencer la journée.

Cette dernière proposition ne passe pas, je le sens. À l'unanimité la réponse est non. Julie, mon acolyte dans le lancement du Green Village, enchaîne :

— Tout se passe très bien pour le moment ! Pourquoi venir plus tôt alors que tout roule ? Puis, la discussion dérive jusqu'au cœur du problème.

— Il faut que tu te détendes, tu es toujours à nous dire ce qu'il reste à faire sans prendre le temps d'apprécier notre travail et nos succès, c'est usant !

Alors que j'étais sur le point de m'excuser, la donne change. De repentie, je deviens accusée. Subitement blessée, je ne veux plus montrer de faiblesse. Je passe sur la défensive, ponctuant mon discours de « oui, mais… ». Je veux me justifier, déplacer la faute sur elles. L'heure de l'excuse est passée, envolée. Rien ne va comme prévu. Seule Rujita essaye d'apaiser les choses, disons à sa manière : « I love what is happening right now, everything you are saying has to be said ! »

Nous concluons dans la colère. Sur le chemin pour rentrer à la maison, pas un bruit. Lourde atmosphère de représailles… Comment va-t-on s'en sortir ? Non seulement je dois encore leur demander pardon, mais la situation se corse car maintenant j'en veux à Julie. Je dois m'excuser devant quelqu'un qui m'a vexée.

Seul le temps peut m'apaiser. J'ai toujours cette image en tête de l'enfant qui vient de faire une bêtise, à qui l'on dit de s'isoler dans sa chambre pour y réfléchir, comme si le pardon ne pouvait pas être instantané. Effectivement, j'aurais trouvé bizarre qu'elles s'excusent aussitôt. Une rédemption dérisoire, sans intention. Il fallait donc attendre le lendemain. La soirée se passa sans accroc même si nos relations n'étaient pas tout à fait naturelles. Cette fois-ci, je n'avais pas fait vœu de silence, j'avais seulement hâte d'être à demain…

Au matin, je pars avant le reste de l'équipe. Ce 7 h 45 est devenu obsessionnel. Je veux être à l'heure dans mon avance. La journée se lance et les trainings aussi. Comme tout le monde et malgré mon désir d'oubli, j'ai encore tout le déroulé de la séance de la veille en tête. Je ne suis pas rongée par le remord, la nuit m'a aidée à prendre du recul. Certaines remarques ont dû être mal interprétées, nous devons éclaircir tout cela. Je découvre qu'une offense supposée résulte parfois de l'incompréhension et que les deux protagonistes ont alors à s'excuser. Mais surtout, le temps n'est peut-être pas que bénéfique après tout ; il pourrait cristalliser notre désaccord et envenimer nos relations. Je ne peux plus attendre. Même si j'ai le sentiment de devoir me presser, l'effort n'en est pas moins coûteux. Je sais que j'étais en tort, mais elle aussi après tout. Avant de lui en parler, je m'essaie à l'introspection. Pourquoi ses remarques m'avaient autant touchée… Qu'est ce qui m'a précisément vexée… Était-ce vraiment leur faute… L'histoire avait-elle une autre approche possible ? En fait, ma susceptibilité découlait de la véracité de leur propos. Je me suis offusquée car elles ont relevé quelque chose dont je n'étais pas fière. Sans le savoir, elles m'ont reproché ce que j'avais moi-même du mal à me pardonner.

Noyée dans ce que je voulais lui dire, je m'approche de

Julie. Pas le temps d'ouvrir la bouche, c'est elle qui me lance : « Écoute, pardon pour hier, j'étais énervée, je t'ai dit des trucs pas sympa, excuse moi. »

Alors que je rumine mes phrases depuis dix minutes, les mots semblent lui venir à elle tout naturellement. Sans complications. Son humilité m'ouvre une fenêtre. Maladroitement, je tourne autour du pot. La simplicité de sa demande de pardon m'encourage certes, même si une petite part d'orgueil en moi voudrait bien lui dire « c'est vrai, tu n'as pas été très sympa, mais je te pardonne ». Ce serait plus facile…

Mais je me reprends, j'avoue tout et je termine par : je suis désolée. Ces mots que je pensais pesants, finalement m'allègent. Je n'imaginais pas trouver un tel soulagement. Je repense alors à cette citation du théologien Lewis B. Smedes : *« Pardonner c'est rendre sa liberté à un prisonnier et se rendre compte que le prisonnier c'était vous. »*

Je me trompais. Demander pardon n'était pas dégradant, bien au contraire.

***

Parfois l'issue n'est pas aussi simple. Que se serait-il passé si Julie n'avait pas mis les pieds dans le plat ? Si, me fiant à mon instinct, je m'étais entêtée à la réprimander. Dans certaines situations, pardonner est plus complexe…

En novembre 2019, avant l'ouverture du Green Village, nous accueillons deux nouvelles colocataires népalaises, Rujita et Shanti. Pour faciliter l'avancée du projet, nous décidons de répartir les tâches en constituant deux binômes. Rujita et Julie pour le recrutement des jeunes, Shanti et moi pour l'installation logistique du centre. Nous apprécions tout de suite de travailler côte à côte. Shanti dégage une douceur maternelle qui me manquait. Nous discutons souvent de méditation et de spiritualité. Ses connaissances politiques, sa vision du Népal d'hier et d'aujourd'hui, m'éclairent. En un mot, nous sommes sur la même longueur d'onde, son amitié me flatte.

Malheureusement, le lancement n'est pas facile pour elle. Malgré son expérience dans l'accompagnement des jeunes, la façon de faire de LP4Y lui est tout à fait étrangère. J'essaie de la rassurer mais ça ne suffit pas. Au cours de la troisième semaine, elle m'annonce qu'elle pense mettre fin à son contrat. Je sais bien que les débuts peuvent être compliqués. Je l'écoute, considère son départ, puis je la convaincs de se laisser plus de temps avant de prendre une décision si radicale. Elle s'obstine jusqu'à la cinquième semaine lorsque, subitement, elle doit partir en congé maladie. Je sais que son hospitalisation n'a rien à voir avec moi, avec le Green Village ou LP4Y, mais il m'est impossible de ne pas ressentir une petite part de responsabilité. Rien de grave pourtant. Après son arrêt, Shanti reprend son poste. Nous sommes ravies de la retrouver en bonne santé, prête à se replonger dans l'intensité des trainings. Mais les retrouvailles sont de courte durée.

Deux jours plus tard, le verdict tombe : dans 48 h le Népal doit rentrer en confinement. Nous avons deux jours pour préparer les jeunes et fermer les portes du centre. Tout s'accélère. Alors que le COVID plonge le monde dans une immobilité totale, l'heure est à l'action au Green Village. Notre mission était désormais d'insuffler de l'énergie aux jeunes en espérant qu'elles ne s'essoufflent pas avec le temps. Face à la crise, l'équipe n'a jamais aussi bien fonctionné. Chacune sait quoi faire, met en place ses idées. Nous sommes en parfaite coordination.

Cette période a été pour moi l'apogée de notre longue préparation. Notre confiance et notre cohésion avaient grandi au fil des mois et portaient leurs fruits dans une organisation maîtrisée, presque instinctive. Revoyant le CV des jeunes une dernière fois, je vois Shanti me faire signe. Quelques symptômes de rhume la gênent, elle me fait part de son inquiétude, privilégie la prudence et part faire un test PCR. Je me replonge dans notre course contre la montre. Les jeunes femmes doivent pouvoir nous joindre à tout moment, même depuis leur village. Il faut donc s'assurer que tous les téléphones portables fonctionnent, qu'elles ont l'argent qu'il faut pour payer leur forfait. S'ajoutent à cela les frais pour rentrer chez elles. Nous calculons ensemble le montant d'épargne que représentent les tickets de bus, les repas sur la route, etc.

Après toutes ces préparations, le moment redouté arrive. Les jeunes sont prêtes, leurs affaires emballées. Dans la cage d'escalier nous échangeons les derniers mots d'encouragement. Lorsque toutes sont enfin parties, il ne reste plus que Julie, Rujita, Emilie et moi, errant dans les dortoirs vides. L'agitation de la fermeture passée, j'appelle Shanti pour prendre de ses nouvelles. Avec soulagement, elle m'annonce que ses tests sont négatifs, mais qu'elle a préféré rentrer dans son village afin d'être proche de sa famille en ces temps difficiles. Elle est en route. Les idées se mélangent dans ma tête. Je ne sais comment réagir à cette annonce. Je raccroche sans vraiment comprendre l'émotion que son départ suscite en moi.

Dans les jours qui suivent, nous prenons le temps de réaliser l'ampleur de la crise, nous revenons sur les deux derniers jours et discutons de nos ressentis. Shanti, depuis son village natal, continue de participer aux réunions. Je l'appelle régulièrement et l'accompagne dans son travail à distance autant que possible. Mais plus le temps passe, plus il m'est difficile d'être patiente et à l'écoute, la situation m'agace. Perdue dans tout ce temps que me donnait l'isolement du confinement, je décortique les faits, passe en revue les dernières 48 h et en conclus : je lui en veux. Finalement, notre cohésion n'est pas sortie indemne de cette épreuve. Pourquoi est-elle partie alors que, testée négative, il n'y avait aucun risque de transmission du virus ? Comment a-t-elle pu tout abandonner, les jeunes, le projet, l'équipe, sans regarder en arrière ? Qu'est-ce qui l'a fait monter dans un bus sans m'appeler au préalable ? N'étions-nous pas amies ?

Je pensais que connaître les vraies raisons de son départ m'aiderait à tourner la page. Si je pouvais entièrement comprendre son point de vue, sans doute l'empathie prendrait-elle le pas sur la colère. Était-ce une histoire de différence culturelle ? La famille avant tout ! Ou un simple malentendu ? Était-elle partie, pensant que nous allions toutes rentrer chez nous ? Après tout, la crise poussait chacune dans ses retranchements, elle a fait ce qu'elle pouvait. J'imaginais mille scénarios, aucun ne m'apaisait, ma colère ne diminuait pas. Même s'il est difficile d'accepter l'incertitude, le motif de son départ n'était finalement pas le plus important. La décision de Shanti m'avait affectée personnellement. Le ressentiment venait de moi. La question n'était plus « Pourquoi était-elle partie ? » mais « Pourquoi étais-je blessée ? ».

Déçue. Shanti n'avait pas été à la hauteur de ce que j'avais projeté. Dans un effort collectif, j'aurais aimé que notre équipe fasse bloc contre le COVID. En se détachant du peloton, Shanti ne suivait pas mes plans. Mon côté despote revenait au galop ; tout devait se passer d'une certaine manière, la mienne. Mes collègues devaient montrer un engagement infaillible. Moi-même, refusant de monter dans un vol de rapatriement, je renouvelais le mien. Il m'était donc évident que les autres devaient faire de même. Les jeunes étaient la priorité numéro un. Rien d'autre ne comptait.

Pardonner nécessitait plus de souplesse.

Trahie. Notre relation était amicale autant que professionnelle. Impossible pour moi de dissocier l'amie de la collègue. Depuis notre rencontre et son installation chez nous, nous avions tissé des liens forts, une confiance résistante. Lorsqu'elle a pris la décision de partir sans m'en avertir, elle a piétiné notre amitié. Notre complicité, à présent brisée, servait de carburant à ma rancœur. En pensant à toute l'attention que je lui avais portée, cette amertume s'embrasait et le pardon possible partait en fumée. Je remettais alors tout en cause : mon choix de recrutement, mon insistance pour qu'elle reste, l'image que je me faisais d'elle et l'authenticité de notre relation. En partant, elle avait dévalorisé ce que nous avions construit. De plus, sa décision, Shanti l'avait prise sans moi. En vivant une expérience d'une telle intensité, vivre avec ses collègues, travailler avec ses amies, je pensais faire partie de ses choix. À Bangalore, j'avais déjà compris que je n'étais pas le centre de la vie des jeunes comme elles l'étaient pour moi ; je l'apprenais désormais pour mon équipe. Je ne supportais pas d'être ainsi mise de côté. Encore une fois mon ego me jouait des tours.

Pardonner nécessitait plus d'humilité.

D'un côté, ma colère me paraissait irrationnelle, attisée par des raisons qui n'avaient rien d'objectif. De l'autre, sa faute me paraissait flagrante. Je retrouvais dans cette situation un schéma qui m'était familier. Je confondais peut-être Shanti avec des histoires du passé. N'est-ce pas souvent le cas ? Vécu et blessures anciennes me rendaient particulièrement susceptible. Les identifier me permettait de changer de point de vue et de ne pas m'enfermer dans une colère chronique. Consciente de la démesure de ma réaction, je n'ai pourtant jamais eu le courage de m'expliquer avec elle. Mon ressentiment devenait dérisoire lorsque j'imaginais notre confrontation. Je me raisonnais, je ne pouvais pas la blâmer de vouloir rentrer chez elle en cette période. Le pardon était peut-être une question de point de vue. Entre celui qui doit des excuses et celui en droit de les recevoir, les rôles peuvent facilement s'interchanger.

Sans compter que la forcer à regretter n'aurait eu aucun intérêt. J'aurais voulu qu'elle le fasse spontanément. Finalement sa rédemption m'aurait-elle soulagée, l'entendre s'excuser aurait-ce apaisé ma rancœur ? Plus que tout, j'aurais souhaité qu'elle assume ses responsabilités. Celle d'être partie et surtout celle de m'avoir blessée, même si mes raisons lui paraissaient ridicules. En somme, à quel point mon pardon dépendait-il d'elle ? Pouvons-nous par un simple acte de volonté se libérer du poids revanchard de la colère, tourner la page ?

Quelques semaines plus tard, Shanti a mis fin à son contrat. Sa démission m'a soulagée, m'a permis de prendre du recul et de relativiser la dureté de l'épisode. J'aimerais, aujourd'hui, pouvoir dire que le pardon a marqué la fin de cette histoire, mais comment être sûr d'avoir bel et bien pardonné, de ne jamais voir ressurgir des rancœurs enfouies lorsque tout semble passé ? J'espère que cette histoire me servira de leçon, que je pourrai, à l'avenir, sortir de mes automatismes et trouver le courage de m'expliquer.

***

Le centre de Bangalore est enfin fonctionnel. La salle informatique est installée, la cuisine équipée, les tables et les chaises en bon état. Après huit mois de recherche, passant d'un centre temporaire à un autre, nous sommes enfin sédentarisées. L'équipe tourne, la micro-activité aussi. Je vis ce qu'on appelle : la lune de miel du coach. Confortable avec mon équipe et sereine dans mon rôle. Avec Clémence, nous vivons toujours dans un appartement à quelques mètres du centre, le temps que la construction de l'étage supplémentaire soit terminée.

Aujourd'hui, c'est dimanche. Je profite de la grasse matinée, me prélassant allègrement dans ce début de week-end délicieux. Je suis au pic de ma paresse lorsque j'entends des petits coups timides à la porte d'entrée. Qui viendrait nous réveiller un dimanche matin ? Ce doit être une erreur. Je me retourne sur le côté froid de l'oreiller. Malgré mon sommeil, je reconnais une voix familière. « Louchi, Clem, coach !… » Impossible de l'ignorer. Je sors de mon lit. Sans café ni brossage de dents, je me retrouve devant une jeune femme du programme, Bibi Ayesha, paniquée : « Center, window break and steal many things Louchi, come to center now. »

Je ne comprends pas beaucoup plus que ces mots. Bibi Ayesha me les répète en boucle. Je mets mes chaussures et je pars sur-le-champ. En pyjama ou presque, je retrouve un attroupement de quelques voisins inquiets. Nous avons été cambriolés. La fenêtre de la cuisine a été forcée ainsi que la porte de la salle informatique. Heureusement, tous les ordinateurs sont encore là, seulement la machine à coudre et quelques multiprises ont été volé. En revanche, la cuisine est complètement vide. La gazinière a disparu, la vaisselle aussi. Quel sentiment étrange de s'imaginer la scène ! Lorsque Clémence me rejoint, nous nous mettons dans la peau des voleurs, partant à la recherche de quelques indices laissés sur place. Qui se cache derrière cette effraction ?

Première observation, rien n'a été saccagé. Les tables, même fragiles, n'ont pas été retournées. Aucun objet n'est cassé. Voilà qui nous rassure. Le motif principal était donc le vol, pas la menace. Nous écartons d'office la possibilité qu'un groupe de maris en colère ait cherché à nous faire peur.

Deuxième constat, le trou de la fenêtre n'est pas assez grand pour laisser entrer un adulte. C'est probablement un enfant qui s'est chargé de passer le butin par l'ouverture. Comment pourrais-je me mettre en colère ? Certes, c'est un délit, une atteinte importante à notre travail. Pourtant, à l'heure où je finis l'inventaire des objets manquants, je ne ressens aucune amertume. La situation me paraît claire et logique. Le centre est nouvellement aménagé, les fenêtres sont encore branlantes… Les raisons, je les comprends parfaitement. Mais qu'en était-il des jeunes ? Alors qu'elles s'efforcent à grand peine de changer leur situation, que vont-elles penser de ceux qui se sont immiscés pour voler leurs outils de travail ? Comment vont-elles réagir ?

Neha et Yasmeen, deux jeunes de l'équipe, nous rejoignent. Pour elles, trouver l'identité des responsables semble être insignifiant, l'épisode est anecdotique. Leur priorité c'est notre sécurité. Elles insistent pour nous faire à manger, nous proposent de l'aide, et restent à nos côtés toute la journée. Au fil de nos discussions, aucune colère ni ressentiment. Face à l'affront, elles se résignent. Un délit prévisible et récurrent serait-il davantage pardonnable ? Devenu une normalité, justifié par des motifs compréhensibles de tous, il ne choque plus personne. N'est-ce pas le plus dangereux, lorsque la fatalité l'emporte ? Le coupable n'est plus considéré comme une personne digne de pardon, juger ses fautes paraît dérisoire. Parce qu'elle est justifiée, l'offense ne serait-elle donc plus condamnable ? Le coupable revêt alors l'image d'une personne foncièrement mauvaise qui ne changera jamais. La pitié remplace l'empathie et rabaisse l'autre au niveau de son acte. La résignation nous empêche de demander justice. L'indignation, au contraire, permet d'estimer l'autre comme capable de mieux faire. Lorsqu'un jeune commet une faute au sein du centre, la marche à suivre est simple : recognize, say sorry, repair. L'indulgence n'a aucune place. Le jeune qui vole dans la caisse n'est pas réduit à son acte. Le pardon est une porte de sortie, un moyen de changer d'étiquette et de retrouver sa place, sa valeur. Mais comme il est souligné dans *Le Livre de la Joie* : *« Le pardon ne nous empêche pas de réclamer la justice et la punition des coupables ».*

Je décide d'aller au commissariat. Le chef de la police locale me fait la morale et semble y prendre beaucoup de plaisir. Lors de notre recherche de bâtiment, j'étais déjà venue le voir pour tenter une collaboration qu'il avait repoussée d'un geste de la main. Notre projet à Djhalli était, selon lui, perdu d'avance. Affalé sur son siège en cuir, tripotant sa montre plaquée or et ses grosses bagues onéreuses, il nous avait ri au nez :

— Cela ne marchera jamais ! Ces gens sont des voleurs, des criminels. Ils n'en valent pas la peine.

J'étais repartie furieuse. Revenir dans son bureau pour déclarer un cambriolage, c'était subir de nouveau son ton méprisant et satisfait.

— Je vous l'avais bien dit ! me lâche-t-il d'un air désabusé.

Comment réclamer justice lorsque ceux qui sont chargés de l'appliquer n'y croient pas ? Ce fatalisme généralisé me mettait hors de moi.

À l'inverse, la réaction des jeunes, surprenante de sérénité, n'était-elle pas aussi une forme de résilience ? Concentrées sur les réparations du centre à entreprendre, sur la façon d'acquérir une nouvelle machine, Neha et Yasmeen préféraient aller de l'avant plutôt que s'arrêter sur l'offense et s'égarer dans la colère. S'arrêter à la rancœur n'aurait fait que freiner leur élan pour changer de vie. De plus, qu'était un simple cambriolage comparé à toutes leurs souffrances ? Choisir son combat était sans doute pour elles une question de survie. Je me demande même si les jeunes voyaient les offenses qu'elles subissaient de la même manière que moi. Lakshmi en voulait-elle à sa mère de la battre ? Priya tenait-elle rigueur à son frère pour l'avoir séquestrée ? Une victime qui ne se rend pas compte qu'elle en est une, reste-t-elle une victime ? En se scarifiant, Rajni se faisait du mal tentant de répondre à une souffrance déjà existante. Mais tenait-elle quelqu'un pour responsable de ce qui lui arrivait ? Souvent, la victime se culpabilise et en vient à considérer le mal comme mérité. Avant de reconnaître avoir été blessée, ne faut-il pas être conscient de sa propre valeur ? L'estime de soi, qui manque trop souvent aux jeunes que nous accompagnons, est à mon sens un élément fondamental du pardon. La compassion, comme cause et conséquence du pardon.

COMPASSION

En empathie, je m'y connais. De nature assez sensible, je suis du genre cœur d'artichaut, me laissant facilement envahir par les souffrances des autres, les mêlant aux miennes. Face à cela, mon envie d'aider se transforme en impuissance et me frustre. Alors que faire lorsque je me sens incapable d'aider ? Comment ne pas subir les émotions des autres au point de les vivre à mon tour ? Face aux enfants des villages de Nuwakot, je me sentais inutile. Mon désir de les aider était réel, mais je manquais de moyens. Vouloir aider sans le pouvoir, me renvoyait une mauvaise image de moi-même. Je connais bien ce sentiment, puisque je le vis chaque fois que je croise une personne qui me demande une pièce dans le métro, chaque fois que je passe devant les personnes sans-abri de mon quartier. Je sais pertinemment que je devrais être dans l'action, faire quelque chose pour aider. Mais je ne sais pas quoi faire. Comme je le découvrais au fil des rencontres de ces années de volontariat, la compassion demande de garder une certaine distance. Elle n'est pas nécessairement une émotion qui submerge mais, plus proche d'une forme de raisonnement qui nous engage dans le bien-être de l'autre. Au point de se transformer en véritable instinct pour ceux qui y sont le plus aguerris.

***

Lors du mois passé à Paris, en transition entre l'Inde et le Népal, j'ai eu le temps de réfléchir au contenu de ma valise. Au feu les T-shirts troués et les pantalons imprimés éléphant. Je réserve un sac entier de fromage, chocolat et saucissons. Dix-huit mois en Inde m'ont appris le sens des priorités. Je rejoins d'ailleurs Pauline. Anciennement coordinatrice-pays quand j'étais coach à Bangalore, elle est installée au Népal depuis six mois. Ensemble, nous allons lancer les différents projets.

Le trajet entre l'aéroport et le centre avait été ma principale préoccupation lors de mon départ en Inde. J'étais alors seule. J'arrivais à 1 h du matin à Delhi et je devais trouver le stand de taxi, négocier le prix de la course, trouver mon chemin. J'étais pétrifiée. Malgré tous mes efforts, j'avais payé le double du prix indiqué. Mon arrivée à Katmandou est bien différente, je sors confiante de ce mini-terminal. Je prends ma revanche sur les chauffeurs de taxi et négocie comme une cheffe mon aller simple pour Budhanilkantha. Je traverse la ville et me concentre sur cette première impression du paysage pour ne surtout pas l'oublier. Des routes de terre, des Népalaises emmitouflées dans leurs écharpes en poils de yak, une lumière orangée qui recouvre la ville. Une ressemblance flagrante avec l'Inde et pourtant une atmosphère tout à fait différente. Le taxi trouve son chemin facilement. Nous passons par cette main road où je perdrai mon passeport dans un an et demi, mais pour le moment pas de COVID ni de confinement. Émerveillée, je me laisse aller aux secousses de la voiture. Nous nous arrêtons devant une grande maison bleue. Electricity Substation, Chapali Chowk. Derrière ce portail, deux personnes, deux amis, qui par leur souci du bien-être d'autrui deviendront à mes yeux des exemples de compassion. Le portail s'ouvre. Un Népalais, le regard malicieux et les cheveux grisonnants, me retrouve sur la route. C'est Pramod : « Namaste ! Bienvenue au Népal ! Alors, tu as trouvé facilement ? »

Son accent est à peine perceptible. Pramod parle un français parfait. Quinze années en France lui ont tout appris de la langue et de la culture. Anthropologue de formation, il parle avec éloquence d'Histoire et de Sociologie. C'est un vrai plaisir de l'écouter raconter des anecdotes sur la France et sur le Népal. Pramod est à mes yeux le noyau créatif de ce foyer atypique. Il foisonne d'idées et de projets. Il ne s'arrête jamais d'explorer les différentes façons d'aider, sans jamais oublier de prendre soin des salades de son jardin. Dans cette frénésie entrepreneuriale, il a une alliée, une partenaire, sa femme Saru. Ensemble, ils ont créé une école qui scolarise gratuitement les enfants défavorisés du quartier. Saru en est la directrice. Elle parle aussi un français irréprochable, ce qui lui permet d'accueillir une flopée de jeunes bénévoles venant des quatre coins de la France. Ils viennent donner des cours de sport, d'anglais, d'informatique, profitant d'un séjour au Népal pour aider à leur manière. Cette grande maison bleue est une oasis de rire et de bonne humeur, de bon café et de délicieuses salades. On l'appelle à juste titre : la maison du bonheur. Chacun s'y sent chez soi, la porte est toujours ouverte. Saru et Pramod sont très investis dans la vie de leurs élèves et pourtant ils n'ont pas l'air d'être écrasés par le poids de leurs souffrances. Ils se rendent disponibles pour ceux qui ont besoin d'une aide mais restent conscients de leurs propres limites. Alors qu'ils sont confrontés quotidiennement à la pauvreté de certaines familles, je ne les ai jamais vu s'apitoyer sur leur sort. Ils maîtrisent cette distance qui me manque encore. Leur compassion est intelligente, sans cesse à la recherche de projets qui bénéficieront au plus grand nombre.

C'est un couple en action qui préfère la sincérité aux relations bienséantes. Je m'en suis rendue compte un jour où nous étions conviés à un de ces événements régulièrement organisés par l'ambassade de France. Mal à l'aise devant ces formalités, je laisse souvent Pauline s'occuper des cartes de visites et me concentre sur les petits fours. Saru me rassure. Elle non plus n'est pas friande de ces mondanités, nous restons donc côte à côte à discuter. Mais alors que je m'apprêtais à déguster mon mini burger, voilà que défilent des femmes en saris brodés et des hommes en costard. Tous paraissent être des amis, des vieilles connaissances, leurs relations n'ont rien d'hypocrite. Autour de Saru plane une belle authenticité. Sans faire d'efforts, elle attire par sa bienveillance et son attention aux autres. Sa compassion ne se limite pas aux enfants qu'elle accompagne ou aux volontaires engagés. Ses qualités ne sont pas réservées aux plus démunis ou aux souffrants. La compassion l'accompagne aussi dans ses relations avec des ambassadeurs, des avocats ou des journalistes. Saru ne se déguise pas derrière de faux sourires, elle n'attire pas avec des beaux discours ; elle reste humble et discrète et fait preuve, en secret, d'une compassion constante et pour tous.

***

Je prends mes marques au Népal et me familiarise avec la maison du bonheur. Quelques semaines après mon arrivée, Pauline et moi intégrons déjà une troisième volontaire à notre équipe de lancement, Jeanne. Ensemble, nous installons le premier centre à Katmandou dans le bidonville de Jagritinagar. Le cadre est bien différent de Djhalli, les maisons de tôle se succèdent au bord d'une rivière. Comme tous les cours d'eau de la région, elle prend sa source dans les hauteurs immaculées de l'Himalaya. En traversant Katmandou, elle se transforme, se salit et devient un caniveau géant slalomant entre les maisons. En temps de mousson, son débit double de volume et inonde même certains habitats.

Lors de nos visites chez des personnes de la communauté, nos conversations sont régulièrement interrompues par les réacteurs des Boeing au démarrage. Situé à proximité de l'aéroport international, le quartier est constamment sous la menace d'une expulsion. Le gouvernement souhaite y construire une route à quatre voies goudronnée. Les habitants des bidonvilles de Katmandou viennent le plus souvent des villages. Ils migrent vers la capitale dans l'espoir de trouver du travail. La compétition est rude et les prix élevés, ils s'installent donc ici dans des habitations de fortune. À Jagritinagar, certaines familles sont arrivées il y a plus de quinze ans, le quartier fait donc entièrement partie de la ville, mais reste pourtant très précaire. Dans les maisons de Jagritinagar, ce sont les femmes qui s'occupent de tout ; au sein du foyer, ce sont elles qui ont la responsabilité du quotidien.

Notre décision est vite prise, le centre sera uniquement dédié aux jeunes mamans. Comme à Bangalore, le suivi de ces jeunes femmes commence par des cours d'anglais. Jeanne connaît toutes les participantes. Le porte-à-porte ne lui fait pas peur. Elle sort même quelques jeunes de leur lit pour s'assurer de leur présence. De mon côté, la priorité est de trouver un appartement proche du bidonville. Durant mes premiers mois au Népal, Pauline étant souvent en déplacement, nous travaillons main dans la main avec Jeanne. Alors que je tisse le réseau de partenaires qui aidera les jeunes à trouver un travail, que je cherche un lieu permanent où s'installer, Jeanne recrute et fidélise les jeunes du quartier. Notre propre intégration se passe à merveille, la communauté nous accueille à bras ouverts. Le petit restaurant de noodles n'a plus de secrets pour nous, nous faisons connaissance avec l'uncle des fruits et l'uncle des légumes mais surtout nous rencontrons la panipuri didi[16].

Les panipuris sont des petits snacks salés constitués d'une boule creuse et croquante garnie d'un mélange à base de pomme de terre et d'eau parfumée aux épices. Parfait pour l'apéro ! Souvent, nous les mangeons sur le bord de la route sur des petits sièges en osier disposés par le propriétaire des roulottes. Depuis notre arrivée à Jagritinagar, les panipuris sont devenus une tradition. Presque tous les soirs, avec Jeanne et Pauline, nous nous arrêtons au stand de notre didi préférée. Cette maman d'une cinquantaine d'années ne parle pas un mot d'anglais. Nos échanges se réduisent à des gestes et des sourires, sauf quand l'une d'entre nous teste son népalais. Alors, nos essais maladroits et notre accent ridicule font rayonner notre belle cuisinière. Sans aucun doute mon rendez-vous quotidien préféré ! C'est comme un afterwork à la népalaise. Nous gobons nos panipuris pimentés et nous discutons sous le regard bienveillant de notre didi. Nos relations ne sont pas vraiment amicales, nous ne savons rien d'elle mais sa présence est réconfortante. Parfois ses filles nous rejoignent. Elles parlent anglais. Grâce à elles, nous apprenons à connaître notre silencieuse hôtesse.

Nous avions trouvé notre équilibre et le projet avançait à merveille, mais en mission la routine ne dure jamais très longtemps. Pour des raisons administratives, Jeanne doit définitivement quitter le Népal. Elle part s'engager aux Philippines, toujours pour LP4Y, sur une mission différente. Sa chambre vidée et ses affaires prêtes dans l'entrée, nous procédons aux dernières embrassades. Je l'accompagne au bout de la rue, la gorge serrée et l'aide à charger le taxi qui l'emmène à l'aéroport. Les aux revoirs sont toujours plus difficiles pour ceux qui restent ;

---

16 Grande sœur en népalais

je quitte une collègue, une coloc mais surtout une amie. Le chauffeur est pressé, pas le temps de s'apitoyer. La porte claque et la voiture démarre. Je me retrouve seule sur le trottoir, en larmes. Je fais demi-tour pour rentrer chez moi lorsque je croise le regard de la panipuri didi. Je suis gênée d'exposer sans pudeur mon fracas d'émotion. Sa vie est sûrement plus dure que la mienne. C'est alors qu'elle s'approche de moi, prend mes mains dans les siennes et me murmure quelques phrases en népalais. Pas besoin de traduction.

« La compassion est l'inquiétude qu'on ressent lorsqu'on est confronté aux souffrances d'autrui et qu'on a le désir de voir ces souffrances disparaître », cite Douglas Abrams dans *Le Livre de la Joie*. Lorsque je pleure devant elle, didi me prend au sérieux. Elle ne comprend peut-être pas toute la situation. Les valises, le taxi et nos mines désolées lui donnent quelques indices, mais elle ne sait pas exactement la nature de mon émotion. Elle ne questionne pas la cause véritable de mes pleurs, ne cherche pas à savoir si mon chagrin est légitime. Elle n'essaye pas non plus de minimiser ma peine ou de me faire relativiser. Rien de condescendant dans son geste. Elle prend la situation comme je lui présente, accepte sans juger et cherche avant tout à me réconforter. Elle n'agit ni par politesse ni par bienséance, mais tient à s'assurer que j'aille mieux. Son élan vers moi, plus instinctif que raisonné, différencie à mes yeux l'empathie de la compassion. Elle ne reste pas spectatrice, ne s'approprie pas la douleur. Elle ne s'est pas mise à pleurer en me regardant rentrer chez moi tout en disant à ses filles : « quelle tristesse, quelle souffrance. » En plus d'être empathique, compatir demande de se retrousser les manches, de se donner la responsabilité de participer au soulagement des peines d'autrui. Au cours des semaines suivantes, la didi ne cessera pas de se soucier de moi et à chacune de nos rencontres me demandera :

« Sanchhe chha bahini[17] ? »

***

C'est si agréable de rencontrer des personnes dévouées et passionnées par l'entraide. Pourquoi n'est-ce pas omniprésent dans nos vies ? Qu'est ce qui m'empêche d'imiter Saru dans mes relations aux autres ?

La compassion, comme l'amour universel d'autrui, me semble toujours être réservée aux religieux ou aux hippies. Pour ma part, j'avais pour habitude d'aborder ces valeurs avec circonspection. Tout d'abord parce que dire je t'aime à tout-va était indécent. C'étaient des mots lourds de sens qu'il fallait peser, examiner et placer au bon moment pour la bonne personne. Mais aussi parce que la compassion était à vivre avec vigilance pour qu'on ne profite pas de ma vulnérabilité. Facilement attendrie, j'admirais ceux qui savaient s'endurcir, qui restaient sur leurs gardes. Être trop gentil c'était être faible. À éviter à tout prix ! Le risque de me faire marcher sur les pieds était trop grand. Alors que les autres piliers se vivaient sans limites, la compassion en aurait-elle une ? Être trop compatissant pourrait-il nuire à son propre équilibre ? *Le Livre de la Joie* ne mentionne pas de limites en tant que tel mais développe le concept d'auto-compassion comme repère, celui qui nous permet de ne jamais s'oublier complètement pour d'autres. Sans être égoïstes, certains savent s'écouter et acceptent leurs propres limites. Pas facile à appliquer. À plusieurs reprises, dans mon travail, je me suis laissée embarquer dans cette volonté d'aider en permanence. Je m'épuisais par empathie. Plus j'en faisais, plus j'avais l'impression que ce n'était pas assez.

17 Tout va bien petite sœur ?

C'est finalement Pol, mon coordinateur Inde de l'époque qui m'a très justement fait réaliser mon erreur : un coach fatigué est un mauvais coach.

Voilà finalement le cœur de mon travail avec les jeunes. Je remarque au fil de ma mission que toute mon énergie, toutes les actions menées autour du projet LP4Y ne convergent que sur une notion, l'auto-compassion des jeunes. Les stimuler et les encourager à développer une capacité d'écoute et de bienveillance envers eux-mêmes. Vouloir le meilleur pour leur futur. La gestion de leur microentreprise, les visites faites chez nos partenaires, les formations de CV et d'entretiens ne sont que des outils ! La force motrice de leur intégration sociale et professionnelle est bien plus profonde. Elle se loge dans cette relation parfois délaissée, souvent endommagée, qu'ils ont avec eux-mêmes.

Les guidances, ces moments de la semaine dédiés au développement personnel des jeunes, me servaient aussi d'outil. À travers des jeux de rôles, des exercices d'introspection, les jeunes travaillent et surtout échangent entre eux sur leurs peurs, leurs modèles, leurs défis présents et futurs. En plus de l'entretien avec le coach, c'est un instant privilégié où ils peuvent s'exprimer et se trouver solidaires. À Bangalore, je conduisais ces séances tous les vendredis matin. Nous changions la configuration de la pièce pour différencier les moments strictement professionnels de ceux de partage. Je me faisais le chantre de l'amour de soi et de l'auto-compassion. Je devenais peut-être même leur référence en la matière. Être porteuse d'une valeur que je n'appliquais pas moi-même ne pouvait pas durer éternellement. À force de marteler aux jeunes, chaque semaine, qu'ils étaient capables de tout, et que la dévalorisation était interdite, j'ai fini par épouser mes propres discours. Convaincre m'a convaincue. Comme un effet miroir, j'ai compris la vraie raison de mon départ en mission : je me reconnais en eux.

À une autre échelle et dans des circonstances très différentes, je partage avec eux cette difficulté à m'estimer. Comme eux, j'ai souvent été réduite à mes limites plutôt qu'encouragée pour mes capacités. Comme eux, j'ai grandi avec cette impression que je ne serais jamais à la hauteur, qu'essayer serait synonyme d'échec. Au-delà de nos conditions de vie diamétralement opposées, je retrouve à leur côté une sensation familière, une souffrance vécue. Leurs doutes, leurs peurs, me renvoient aux miens. Leurs succès m'inspirent. Ma présence à leur côté n'est pas un hasard. La compassion fonctionne ainsi. Je compatis car je suis profondément touchée, parce que d'une manière ou d'une autre, les souffrances d'autrui me rappellent les miennes. Elle naît d'un sentiment de reconnaissance de soi-même chez l'autre.

Être compatissant envers des personnes vivant dans des situations extrêmement difficiles ne relève pas de l'exploit. Comparé à mon propre mode de vie, celui des communautés de Djhalli et de Jagritinagar est précaire. La compassion, ou au moins l'empathie, sont donc évidentes. Non, ce qui est captivant, c'est la compassion dont eux-mêmes font preuve. Comme la panipuri didi qui met ses soucis de côté pour me montrer tout son soutien, comme mon Ironman dévoué qui, face à ma détresse me vient en aide, les jeunes ont cette capacité de compatir. Ils me donnent l'impression de ne jamais minimiser nos peines.

Déjà, à Delhi et dès mes premières semaines, j'ai ressenti une attention particulière de la part de l'équipe du centre à Pahar Ganj, situé à côté de la gare principale de la capitale. Le programme accompagne en majorité des garçons ayant grandi dans la rue, sans attention ni amour. Dès leur plus jeune âge, ils se sont battus pour survivre la majeure partie de leur vie. Des souffrances, ils en ont endurées et pourtant, face à leurs coachs, je remarquais leur indéniable compassion. Leur instinct protecteur me touchait. Ils avaient une façon frappante de veiller sur les volontaires et de mettre de côté leurs propres tourments. Pareillement, à Katmandou, face aux pénuries d'eau régulières, certaines jeunes me disaient : « On sait que c'est pire pour vous. Nous on a l'habitude, mais vous, vous venez d'un pays où tout cela n'existe pas. Ça doit être très difficile de s'adapter ». Comment se fait-il que nos souffrances ne leur paraissent pas dérisoires voire futiles ? À Delhi, à Bangalore puis à Katmandou, lorsque je leur demandais ce qu'ils voulaient faire dans la vie, la réponse m'arrivait d'une seule voix : « I want to help people. » Quelle est cette envie irrépressible d'aider les autres ? J'ai l'impression d'avoir eu des priorités bien différentes à leur âge. Y-aurait-il un lien entre souffrance subie et compassion ? Celui qui a plus souffert est-il plus en mesure de comprendre les souffrances des autres et donc d'y remédier ? Je ne pense pas qu'il y ait de hiérarchie, ni dans la souffrance ni dans la compassion. Alors, de retour en France, lorsque je me surprends à ignorer ou même mépriser ceux qui, à mes yeux, souffrent moins que moi, que je blâme leur ingratitude pour ce qu'ils ont déjà, j'essaie de me rappeler ces jeunes de Delhi et leur compassion inconditionnelle.

***

Quelle aventure d'être projetée ainsi avec des inconnus, à l'autre bout du monde ! Quel immense pari ! La mission fait bien souvent naître des amitiés inébranlables, intemporelles. Bien sûr, l'envie de partir nous unit dès le départ, mais celle-ci peut être animée par différentes motivations. Non ce n'est pas notre intérêt commun qui encourage à la compassion mais plutôt le contexte.

Dès les premières semaines, la formation de LP4Y nous incite à nous ouvrir. Le climat bienveillant favorisant l'authenticité m'a permis d'échanger avec les autres en toute sérénité. Déracinés, dépourvus de repères, les faux-semblants disparaissent. Je m'expose aux autres telle que je suis. Désarmée devant cette nouvelle réalité, loin de ceux qui d'habitude me procurent l'amour nécessaire au sentiment de sécurité, je me raccroche à ceux qui sont là. Pourtant, que sais-je d'eux ? Bien souvent, je ne connaîtrai pas leur parcours académique, la composition de leur famille ou même leur ville de naissance, tous ces détails qui m'aident généralement à comprendre mes interlocuteurs. L'important est ailleurs. Comment la mission les change-t-ils ? Quel regard ont-ils sur notre société ? Quelles aspirations pour demain ? Les éléments qui construisent leur identité à mes yeux ne sont plus les mêmes. D'un côté, ce sont de parfaits inconnus, de l'autre, c'est comme si je les connaissais depuis toujours.

Ainsi parachutée, je préférais partager ma vulnérabilité plutôt que rester seule. Sans calcul ni préméditation, je ressentais la nécessité de me préoccuper pour eux, mais aussi de les laisser s'introduire dans ma vie, y prendre place. Le dalaï lama reprend le terme « altruisme réciproque ». Il décrit la compassion comme une qualité fondamentale et universelle, nécessaire à la survie et qui agit comme un cercle vertueux. J'ai eu l'impression de vivre tout cela, réaliser que nous sommes co-dépendants, la compassion comme bouée de sauvetage et la réciprocité qui décuple l'attachement. Dans ce contexte saisissant, mes relations avec mes colocataires ont grandi en intensité jusqu'à devenir elles-mêmes des piliers de mon expérience. Au même titre que les jeunes, Géraldine et Clémence, puis Pauline, Jeanne, Julie, Rujita et Emilie, m'ont beaucoup appris, m'ont soutenue dans les moments difficiles et guidée souvent vers une meilleure version de moi-même. Toutes m'ont permis d'avancer, de me remettre en question, de tout voir autrement. J'admirais en chacune quelque chose, je m'en nourrissais pour aller de l'avant. Nous partagerons à jamais ces moments d'étonnement, de solitude, de tristesse et de joie.

***

Un mois de confinement. Le temps est long. Toute mon énergie est concentrée sur une seule chose, garder la motivation pour ne pas sombrer dans la routine et l'ennui. Je cherche, je me remue les méninges, je suis en constante réflexion pour me créer mes propres objectifs et mes propres distractions. Je tente d'appliquer à moi-même ce que j'explique aux jeunes depuis trois ans : l'organisation, l'esprit positif, être son propre moteur. Entre indulgence et exigence. Mais aujourd'hui ça ne va pas. Je suis simplement lasse. L'incertitude me plonge dans un état d'esprit flou. Plus de projets, plus d'avancées, seulement les jours qui passent. De plus en plus lentement. Je ne veux même plus m'en plaindre à mes colocataires, même nos discussions commencent à s'essouffler. Jusqu'ici nous avons fait tous les efforts possibles pour continuer à garder le moral. Nous avons construit une cabane, créé des numéros de jonglage, cuisiné des miches de pain à n'en plus finir… Mais ce matin, rien à faire. Quand je passe par notre terrasse où sont installées Julie et Emilie, le message est clair. Pas besoin d'explication. Elles comprennent en un regard que je suis au plus bas. Je rentre dans ma chambre et me force à terminer les derniers mails de la journée. À travers ma fenêtre je peux les entendre rire et discuter, mais je n'ai pas envie de les rejoindre. Alors, ce sont elles qui viennent me chercher. En fanfare, elles me décrochent de mon ordinateur. Je les sens fières et excitées… Que se trame-t-il ?

« Bon alors, on a vu que ça n'allait pas aujourd'hui du coup, on a organisé rien que pour toi… Une chasse aux trésors ! »

Je laisse échapper un sourire. L'attention est touchante mais je n'ai vraiment pas la tête à élucider des énigmes et à courir dans toute la maison. Leur regard insistant finit par me convaincre, je me lance sur les premiers indices. Chaque petit bout de papier déplié me renvoie à un moment de complicité avec elles. Il me suffit de quelques minutes pour rentrer dans le jeu et oublier le reste. Je les trouve en-dessous du rétro-projecteur où nous regardons Top Chef depuis le début du confinement ; sur la terrasse où nous suons tous les deux jours pendant notre séance de sport ; dans le four qui voit défiler un tas de plats délicieux. Je rigole, m'active, m'absorbe dans cette activité inattendue et sur-mesure. En un instant, elles ont réussi à me faire sourire. Sans même que j'y mette vraiment de la bonne volonté. Leur attention était juste et ciblée, je me suis laissée aller au divertissement. Un bol d'air frais, rien que pour moi. Quelle efficacité dans l'action ! Quelle précision du geste ! Elles ne m'ont pas noyée sous des phrases banales ; non elles ne se sont pas contentées de me tapoter le dos. Leur envie de me remonter le moral a été assez forte pour les mettre en mouvement. Exactement comme dans *Le Livre de la Joie*, *« La compassion est ce qui connecte le sentiment d'empathie aux actes de gentillesse de générosité et autres expressions altruistes »*. J'imagine bien leur discussion et le déroulement de leur petit stratagème. « Qu'est-ce-qu'on pourrait faire pour qu'elle aille mieux ? » Une fois l'idée trouvée, elles se sont attelées à la confection des indices, se sont attardées sur chaque défi dans le seul but de me faire rire, ont pris du temps pour placer les bouts de papier aux endroits clé de notre maison. Alors qu'elles aussi sont lasses, qu'elles aussi subissent cet espace-temps distendu, elles s'oublient pour moi. Dans ces cas-là, la compassion devient terriblement contagieuse. Face à mes deux colocataires surexcitées de me voir courir à la chasse aux indices, je ne me sens pas redevable, ni obligée, par politesse, de les couvrir d'attention et de cadeaux. Tout naturellement je voudrais en faire autant pour elles. Ce lien incontestable rend nos amitiés tenaces. La compassion n'est pas un fardeau ni un devoir. Elle permet de faire bloc contre les épreuves et d'en ressortir avec de solides alliées.

***

Notre compassion partagée avec les jeunes et entre volontaires est l'élément sans lequel le projet ne pourrait pas fonctionner. Elle est aussi essentielle que motrice. Ce lien, spécifique au contexte de la mission, créé en réponse à des peurs et des peines, a le pouvoir extraordinaire de faire naître la joie. *« Se soucier du bien d'autrui est source de bonheur »*, résume simplement le dalaï lama. Je repense au Green Village, à ces moments informels partagés avec les jeunes qui laissaient place à quelque chose de spécial. L'entraide et le soutien que nous nous apportions se transformaient parfois en euphorie.

Je suis dans la cuisine du centre. Bina est une jeune femme d'un bidonville de Budhanilkantha. D'équipe cuisine pour le dîner, elle s'attèle à la tâche. Elle prend les petites boules de pâte à pain, les aplatit machinalement avec le rouleau à pâtisserie et passe à la suivante. Son geste est rapide, maîtrisé. Un à un, elle forme les chapatis que nous mangerons ce soir. La technique me paraît si simple que j'offre mon aide sans hésiter. Des chapatis, j'en ai fait. Je me suis déjà bien ridiculisée à Bangalore, je ne tomberai pas dans le panneau une seconde fois ! Je redouble d'attention, je saupoudre de farine après chaque geste. Pas encore professionnelle, je sauve les meubles et continue consciencieusement. C'est Chandra qui s'occupe de l'accompagnement, un curry de légumes. À trois dans la cuisine, nous sommes rapidement rejointes par quelques autres qui, comme moi, viennent prêter main forte. Quelques minutes passent et Bina sort son téléphone. Elle nous baigne alors dans une ambiance de pop népalaise pour le plus grand plaisir de notre petit groupe. Tout en cuisinant, certaines chantent, d'autres dansent. Je ne connais ni les pas, ni les paroles, je reste spectatrice de ce beau moment, toujours concentrée sur mes chapatis, les mains dans la farine, quand j'entends des notes familières s'élever du Samsung de Bina. Pas une chanson qui passe en boucle sur les baffles surdimensionnés des bus de Katmandou, non, celle-ci me renvoie bien plus loin. Lorsque je reconnais la voix de Céline Dion, je m'arrête net et ouvre grand les yeux. Absorbée par ses chapatis, Bina ne remarque pas mon étonnement et fredonne tout naturellement les paroles de « I'm Alive ». Trop heureuse de pouvoir enfin participer à l'effervescence générale, je m'égosille à mon tour. Cette chanson qui appartient à mon monde, celui de l'Eurovision et de l'accent québécois, je la partage maintenant avec Bina. Deux minutes d'un merveilleux concours de casserole.

Notre compassion mutuelle, notre présence face aux défis des unes et des autres est la clé pour vivre de tels moments de partage. Sans aucun doute, c'est pour moi le pilier des piliers, celui qui fait vivre tous les autres.

GÉNÉROSITÉ

Géraldine et moi sommes en route pour Rishikesh, capitale mondiale du yoga. À une nuit de bus de Delhi. Nous avons acheté nos billets à un prix dérisoire, nous regrettons rapidement notre choix. Allongées tête-bêche au fond du bus sur notre unique banquette, nous attendons que le temps passe. Voilà quarante-cinq minutes que nous étions censées partir. Je m'impatiente, alors je sors un peu de lecture. Depuis mon arrivée en Inde, les neuf cent trente-six pages de Shantaram sont au cœur de toutes les discussions entre volontaires : « Et toi, tu l'as fini ? »

Le récit de cet évadé de prison australien devenu clandestin en Inde, accompagne mes premiers pas ici. Le terminer devient un défi personnel, tourner la dernière page signifierait le début de mon aventure. À la lumière d'un vieux néon grésillant, je m'efforce de déchiffrer chaque mot lorsqu'une famille monte dans le bus, captant mon attention. Les parents, le fils et la grand-mère croulant sous leurs sacs, prennent place dans la couchette adjointe à la nôtre, réduisant du même coup notre espace pour la nuit. Ils s'installent et essaient différentes combinaisons, la grand-mère près de la fenêtre, les trois sacs entre les parents, le fils assis en tailleur, le fils allongé sur les sacs, les parents face à face et la grand-mère côté couloir. Je me retrouve finalement nez à nez avec la grand-mère, jouant des coudes avec le fils, un sac entre nous. Enfin calés, ils ne bougent plus. Je croise le regard de ma vieille voisine, lui adresse un namaste poli et me replonge dans l'obscurité de mes pages. Sept fois que je relis la même phrase, il est temps d'avancer. Puis de nouveau ils me captivent, la grand-mère s'adresse à son petit-fils en hindi, le sommant de chercher quelque chose dans un des sacs. C'est reparti ! Il ouvre, referme, pas celui-ci, il cherche dans l'autre, les parents se lèvent… tous s'investissent dans cette quête de l'aiguille dans la botte de foin. Quoi qu'ils cherchent, j'espère qu'elle en a vraiment besoin ! L'index collé sur le premier mot de la ligne, je me lasse de cette agitation et retourne à ma lecture.

Où en étais-je ? Une tape sur l'épaule arrête mon élan. Sourire édenté de la grand-mère qui me tend une lampe de poche, l'allume et la place au-dessus de ma page. D'un air satisfait, toute la famille m'observe. Ils attendent ma réaction. L'attention est si touchante, je souris autant que je peux en espérant qu'ils ne doutent pas de ma sincérité. Mais la grand-mère fronce les sourcils. Ce n'est pas un sourire qu'elle veut, c'est s'assurer que sa solution fonctionne. Elle veut me voir lire avec sa lampe. Les rebonds du bus sur la route nous donnent du fil à retordre. À chaque virage la lampe tombe et s'éteint. Plus embêtée que moi, elle décide que son petit-fils sera mon éclaireur, l'obligeant à tenir la lampe pour moi pendant une partie du voyage. Je redécouvre avec émotion la phrase lue déjà sept fois. Je me concentre avec difficulté, je ne cesse de penser à ce qui m'entoure. Les péripéties de l'Australien se fondent dans ce décor insolite. Comme *Le Comte de Monte Cristo* restera indissociable des klaxons de Bangalore, *Les Trois Mousquetaires* des plages du Kerala, *Anna Karénine* de Katmandou, *Shantaram*, lui, me renverra toujours à ce bout du bus et à la générosité de cette vieille dame.

Dans *Le Livre de la Joie*, Desmond Tutu explique : *« Les gens que nous admirons sont ceux qui se préoccupent des autres. Ceux qui même au cœur d'épreuves difficiles, quand on les aborde, sont capables de vous faire sentir qu'à ce moment précis, vous êtes la personne qui compte le plus à leurs yeux. »* En un instant, par conviction, habitude, culture ou religion, cette femme a su me faire sentir que j'étais importante. Quel pouvoir immense ! Sortir de ses occupations, regarder autour de soi et participer gratuitement au bien-être de l'autre ! C'est si inhabituel, je ne peux que m'interroger.

« Tu verras comme les gens sont généreux là-bas ! »

Rares sont les voyageurs qui ne clament pas la générosité du pays qu'ils visitent. J'avais du mal à comprendre cette généralité. Des Philippines au Pérou, de Mauritanie jusqu'en Indonésie, l'altruisme semblait être présent aux quatre coins du monde. À entendre ces récits de voyages, il semblerait que la France soit le seul pays à en être dépourvu. J'ai du mal à y croire… Pourtant, aujourd'hui c'est à mon tour de prêcher cette générosité légendaire comme si je la voyais pour la première fois. Alors d'où vient-elle ? Pourquoi la remarque-t-on chez les autres plutôt que chez soi ?

La générosité a certes fait partie de mon éducation. Lorsque je devais partager mes paquets de bonbons avec mes frères et sœur ou donner une pièce à la personne sans-abri en bas de chez moi, j'appliquais un certain minimum obligatoire de l'altruisme. Mais une certaine réciprocité restait attendue, histoire de ne pas se faire trop avoir. Là était la priorité ; je préférais ne rien donner plutôt qu'on ne profite de moi. Ayant bien intégré cette façon de faire et de penser, mes premières relations avec les Indiens furent mitigées. Moi aussi je voulais revenir avec mille histoires racontant des moments de communion avec les locaux, mais la méfiance me retenait. Chaque invitation, proposition ou attention était à mes yeux, une possible arnaque. Je n'acceptais rien sans d'abord vérifier qu'il n'y ait pas de contrepartie cachée. Sans m'en rendre compte, cette suspicion permanente me bloquait l'accès à de merveilleuses rencontres. Seuls ma lente immersion, mon apprentissage des codes et de la culture m'ont permis d'adapter mes réactions, m'ouvrant alors à la générosité des autres. Ainsi, il me fut plus facile d'accepter l'invitation d'un chauffeur de rickshaw ou le samosa gratuit d'un vendeur ambulant. En baissant quelques barrières je découvrais un potentiel de nouvelles expériences. La surprise fut extrême. Ceux que je croyais être des arnaqueurs se révélaient d'une pure bonté. Était-ce mon changement de positionnement qui m'apportait autant ?

Être prêt à recevoir, se laisser approcher sans naïveté ou inconscience, n'était pas une mince affaire. D'autant que cette vulnérabilité n'est pas une norme chez nous. Face à quelqu'un qui m'approche dans la rue, à Paris, mon premier réflexe est un mouvement de recul méfiant ; alors, aller prendre le thé chez lui ! Et pourtant ces situations étaient devenues mon quotidien, je les provoquais presque.

Lors de mon voyage au Rajasthan, je suis passée par Jodhpur. Fort surplombant la ville, murs bleus, c'est une destination incontournable pour les touristes. J'étais accompagnée de mon amie Rosa qui terminait son tour du monde par une visite en Inde. Je me sentais investie d'une mission. Je voulais lui faire vivre une expérience hors du commun, qu'elle reparte avec la conviction que l'Inde était un pays superbe. Comme à mon habitude, quand nous déambulons dans les rues, j'en profite pour jouer avec les enfants du quartier, je les amuse comme je le fais à Djhalli. À défaut de lui montrer mon quotidien à Bangalore, je m'élance dans les rues d'un quartier défavorisé de

Jodhpur. Les enfants rient, nous jouons à la marelle, lorsqu'une jeune femme, 20 ans à peine, sort dans la rue. Voilà ce que j'attendais ! Peut-être qu'avec elle, Rosa pourra comprendre la passion que je mets dans mon travail. Je l'aborde, nous discutons un moment. Tout coule de source, une étape puis l'autre. Elle n'hésite pas à nous inviter chez elle pour nous présenter ses parents. Nous la suivons dans une magnifique haveli[18] où plusieurs familles vivent en communauté. Seul le regard inquiet de Rosa m'immobilise un moment. Elle chuchote « t'es sûre de toi, là ? », qui comme un flashback, me renvoie à la méfiance de mes débuts. Je prends conscience du chemin parcouru. La générosité que j'avais jusqu'alors expérimentée n'était pas seulement liée à ma posture de volontaire. Ce n'était pas parce que j'accompagnais les jeunes à l'emploi que les habitants me le rendaient en étant généreux. En revanche, mon travail de coach m'a appris à être ouverte aux autres, complètement, à faire confiance. Être à l'écoute, attentive, devenait un automatisme. Je me sentais prête à échanger avec tout le monde. Ce jour-là, j'ai eu la vertigineuse impression de m'être libérée de beaucoup d'a priori. Je me voyais déjà, de retour en France, plus que jamais prête à recevoir. Je n'imaginais pas encore toutes les barrières qui se dresseraient lorsque je serais confrontée à ma propre culture. A ce moment, la générosité m'était enfin accessible, je la voyais partout, tout le temps.

***

À mon arrivée au Népal, je découvre avec curiosité les différences et les similarités culturelles avec l'Inde. Je passe du temps

18 Demeure à l'architecture typique du Rajasthan

avec les commerçants du coin. Nous apprenons à nous connaître. Je remarque rapidement la pudeur émotionnelle des Népalais, bien différente de l'expressivité indienne. Je suis frustrée d'être la petite nouvelle alors qu'à Bangalore tout le monde me connaissait. Ma soif d'intégration se concrétise sur un seul mot : bahini[19]. Les Népalais l'utilisent entre eux à tout bout de champ. L'arbre généalogique des relations népalaises est simple. Tous les hommes d'un certain âge s'appellent uncle, les femmes âgées sont des aunties et les jeunes femmes, des bahini. Pourtant, je ne parviens pas à le décrocher de la bouche du vendeur de légumes. Pendant quelques semaines ce mot sera mon Graal. Être appelée « bahini » résonne, pour moi, comme une preuve de tendresse, de bienveillance, presque comme un bouclier. Plus qu'un simple mot, il signifie ma parfaite intégration, le fruit de mes efforts, le signe clair et concret que j'ai ma place ici. Contrairement au gori[20] que j'entendais souvent en Inde, ce mot de bahini me semble fédérer les jeunes femmes népalaises du quartier. Je veux en faire partie, être à mon tour une petite sœur. Toutes les semaines, je vais chercher mes tomates, pleine d'espoir, le sourire aux lèvres et salue le vendeur d'un « Good morning uncle ! » énergique. J'encaisserai de nombreux « Hello Ma'am » avant d'enfin recevoir le bahini tant convoité. Chaque fois qu'il me sera lancé, je le recevrai comme une offrande, le signe d'un chaleureux accueil. C'est un geste d'autant plus généreux qu'il n'est pas calculé. Le vendeur n'a sûrement pas réfléchi longuement à la question. Je l'imagine mal, se rasant face à son miroir le matin même, se dire : « Ça y est ! C'est aujourd'hui que je vais dire bahini à la petite blanche. »

Ce mot, si symbolique à mes yeux, était d'une générosité aussi spontanée qu'authentique.

---

19 Petite sœur en népalais
20 Blanche en hindi

***

À mon sens, certains gestes généreux sont indéniablement liés à la culture. L'hospitalité par exemple est une norme, un devoir même. En Inde comme au Népal, recevoir implique de nourrir, et parfois de loger son invité. Ainsi, l'architecture des maisons népalaises traditionnelles inclut des terrasses surmontées d'auvents afin d'accueillir les voyageurs. Ces abris, courants dans les villages de campagne, n'existent pas dans les beaux quartiers de Katmandou qui sont au contraire protégés par des grilles et des gardiens. La tradition s'estompe, laissant place à la méfiance. Les temps ont peut-être changé mais une générosité inébranlable subsiste dans certains quartiers. « Ils n'ont rien et ils donnent tout. » Cliché ou réalité ? L'égoïsme venait-il avec le confort matériel ? Fallait-il être pauvre pour être généreux ? Certes les jeunes et leur famille donnaient sans compter, mais pourquoi ? La vie en communauté leur donne sûrement un avantage. Vivre ensemble, accepter d'être dépendant les uns des autres. Je découvre la générosité non pas comme un effort exceptionnel mais comme un mode de vie. *Le Livre de la Joie* cite Martin Luther King Jr : *« Nous devons apprendre à vivre ensemble comme des frères et sœurs ou nous périrons comme des imbéciles. »* La solidarité était ici évidente, culturelle, peut-être même religieuse.

Le Livre de la Joie explique : *« La générosité est importante dans toutes les religions parce qu'elle exprime sans nul doute un aspect fondamental de notre interdépendance et de notre besoin des autres. »* Que ce soit à travers l'islam, l'hindouisme, le bouddhisme ou le christianisme, et bien que je ne sois pas croyante moi-même, j'ai découvert là-bas, la religion comme moteur de bonnes actions.

En pleine recherche d'un bâtiment pour accueillir les trainings à Bangalore, Géraldine et moi étions souvent désespérées. Enchaîner les visites sans succès me déprimait. Je finissais mes journées, épuisée, avec qu'une seule pensée en tête, on n'y arrivera jamais...

C'était sans compter sur l'arrivée de Sam.

Déjà quatre fois que nous passons par ici. Dans ce dédale de ruelles qu'est Djhalli, celle-ci sort de l'ordinaire. Construites en arête de poisson, les impasses se succèdent, perpendiculaires à l'allée principale. Afin de ne perdre aucune opportunité, nous parcourons chaque impasse une par une, dans l'espoir d'y apercevoir un panneau « à louer ». Si seulement c'était si facile... Géraldine choisit le côté droit, moi le gauche. Nous ratissons la zone, méthodiquement, jusqu'à nous rejoindre à une intersection pour échanger sur nos échecs respectifs. Google Maps en main, nous sommes en pleine réflexion lorsqu'une femme en robe de chambre, cheveux sans voile, nous aborde. Son sourire, son énergie et son regard bienveillant forment le combo parfait pour nous redonner un peu d'espoir. S'exprimant dans un anglais irréprochable, elle semble précisément comprendre ce que nous recherchons et nous amène chez elle, trois maisons plus loin, pour rencontrer son frère.

— Saaaaaaaam ! Come here, we need you !

Sam sort.

— Yes, yes I am here, what is it ?

Toujours en anglais, la sœur lui explique, presque mieux que nous, les trainings, les jeunes, le bâtiment. Il écoute, attentif, hoche la tête à chaque bout de phrase en acquiesçant d'une voix saccadée.

— Ok, ok, superb, ok, great, yes, yes.

Ses yeux grands ouverts lui donnent un air vif, alerte. Il laisse à peine sa sœur terminer :

— Ok yes, it is so great what you do with these kids. I know a place, let's go check it out !

Sans plus attendre il nous embarque sur sa moto et nous partons visiter. J'essaie de modérer mon enthousiasme, nous avons vécu ce genre d'espoir de nombreuses fois, je crains d'être à nouveau déçue. À trois sur le scooter, je me concentre davantage sur mon équilibre que sur l'issue de notre rendez-vous. Heureusement la route n'est pas longue. Je découvrirai plus tard que Sam privilégie toujours la moto à la marche, même pour deux cents mètres. Je constaterai par ailleurs son mauvais sens de l'orientation, mais ne me résoudrai jamais à corriger ses itinéraires alambiqués. Une minute cinquante plus tard nous arrivons au bout de la rue, devant le bâtiment en question. Nous faisons le tour du propriétaire, esquissons un plan, puis repartons, pas convaincues. La visite n'a que peu d'importance, Géraldine et moi le savons, c'est la rencontre avec Sam qui est prometteuse. Dans un des nombreux salons de thé des alentours nous échangeons nos numéros autour d'un chaï. Il a l'air profondément intéressé par LP4Y et nous presse de mille questions. Voilà qui est rare pour un agent immobilier improvisé. Généralement ceux que l'on appelle des brokers nous font visiter des immeubles dans le seul but de toucher leur commission. Pour le moment, il n'est pas question d'argent, Sam a l'air décidé, il veut s'investir. Nous sommes sur le point de nous quitter, lorsqu'il nous pose LA question : « Which religion do you follow ? »

À mes yeux, une question très personnelle. Je sais qu'en Inde c'est comme demander « vous faites quoi dans la vie ? », une banalité. Pourtant je ne suis jamais très à l'aise. Ma réponse me demande d'être vigilante. À Djhalli, comme dans le bidonville de Jagritinagar au Népal, des ONG occidentales ont déjà été dénoncées aux autorités pour prosélytisme religieux. Les communautés sont donc frileuses et hésitent à accueillir des blancs dans leur quartier. J'ai dû expliquer à maintes reprises que

LP4Y était une organisation laïque. D'un autre côté, l'athéisme peut être mal vu ou incompris. J'ai souvent été frappée par des remarques de jeunes : « Avec toute la chance que tu as d'être née blanche et riche, tu ne crois pas en Dieu ? Alors tu ne remercies personne ? »

Pour certains, être non-croyant s'ajoute à un tas de stéréotypes sur les cultures occidentales, et renvoie une image de corruption et de vice. Je ne savais même pas par où commencer… Alors, essayant d'esquiver les pièges, et me rappelant du crucifix sur sa moto, je commence par une valeur sûre :

— Well, I was baptized christian …

Je ne peux pas m'arrêter là. Sam a l'air très ouvert d'esprit et loin des clichés, j'ose donc continuer maladroitement.

— But, you know, in the end, is there a God ?

Lorsque je vois ses grands yeux s'agrandir, je conclus en vitesse:

— I mean we all have the same God don't we ?

D'un coup, Sam change d'attitude. La gêne s'installe. Pressé de couper court à notre conversation, il remonte précipitamment sur sa moto et sans nous adresser un regard, part à toute vitesse.

Dans les jours qui suivent, nous essayons de le joindre, mais il ne répond pas. Quelle déception ! Sans son aide, nous allons devoir continuer à donner les trainings dans la salle que nous louent nos voisines religieuses. Deux semaines plus tard, alors que je discute avec la gérante du lieu, Sister Leena, je reconnais Sam au loin, sur sa moto. Nos regards se croisent, il ne peut pas m'éviter, alors il nous rejoint. Je fais les présentations. Sister Leena, toujours courtoise, se retire poliment, nous laissant Sam et moi. J'en profite pour le relancer sur les recherches de bâtiment. Dans le courant de la conversation, je sens le malaise disparaître. Sam paraît plus détendu, me sourit même. Il m'explique qu'il a réfléchi à nos exigences, qu'il a plein d'idées et qu'il va nous aider. Son enthousiasme du début l'envahit, il est même prêt à m'emmener tout de suite voir des propriétaires. Je ne comprends pas. Je veux bien être ouverte aux différences culturelles mais là, son comportement est un véritable mystère. Quelque chose a changé… Mais quoi ? Je n'hésite pas :

— Sam, is everything ok ? It seems like you were not very comfortable last time ?

Il se met à rire.

— Yes yes Lucie, to tell you the truth, until I saw you with Sister Leena, I thought you were satanist. It scared me.

Je suis atterrée. Sataniste, moi ? À mes yeux, être sataniste c'est allumer des bougies et taguer les murs des catacombes de Paris. En polo bleu et plein de flyers LP4Y sous le bras, je ne pensais vraiment pas renvoyer cette image. Puis, je réfléchis. Sa question qui m'avait prise de cours, ma réponse vaseuse, son départ précipité… Mon hésitation l'a surpris, il s'attendait sûrement à entendre le nom d'une religion, pas des questionnements flous. Mon discours était vague et donc louche. Je ne peux le blâmer, j'ai la même réaction en matière de professions. Une réponse confuse équivaut à des activités douteuses. Classique ! La question clarifiée, son inquiétude m'aura appris au moins une chose, Sam donnait une place immense à la religion. Ses faits et gestes, ses décisions, tout était tourné vers Dieu. Plus tard, il mettra toute son énergie à chercher avec nous un bâtiment pour les jeunes. Il passera des soirées à négocier avec les propriétaires, il trouvera un avocat pour nous aider à signer les papiers, il nous accompagnera au commissariat pour les démarches administratives. Sans relâche, il s'investira dans le projet, comme si c'était le sien. Tout cela, sans jamais rien demander en retour ! J'insistais pourtant mais sa réponse ne variait jamais : « Vous me donnez l'opportunité de bien agir, c'est déjà beaucoup ! Et qui sait ? J'irai peut-être au paradis grâce à vous ». Le paradis. Était-ce là l'ultime motivation de Sam ? J'en ai douté un moment. Comment pouvait-il nous consacrer autant de temps gratuitement ? À mon tour de le trouver louche. J'écouterai même d'une oreille attentive les remarques de Jean-Marc, nous mettant en garde sur les intentions de Sam. Sa générosité était tellement grande qu'elle en devenait douteuse, et pourtant elle fut infaillible. Après tout, recevoir est une affaire de confiance.

***

Après ces expériences, je pensais rentrer et pouvoir appliquer religieusement les concepts appris lors de mon voyage. J'étais convaincue que mon ouverture d'esprit me suivrait jusqu'en France. J'avais compris comment la générosité pouvait être un pilier de la joie, j'avais compris mes freins, j'avais appris à recevoir et partager avec la communauté. Ce comportement était devenu la clé de ma relation avec autrui, j'étais déterminée à le conserver. Je pensais m'être libérée des codes et des étiquettes, et avoir décuplé mon potentiel de générosité. Il me paraissait à présent inconcevable de vivre sans connaître mes voisins, sans apprécier une conversation de qualité avec un commerçant du quartier. Toutes ces rencontres s'étaient faites avec une telle simplicité là-bas, il en serait de même à mon retour à Paris, j'en étais certaine ! La logique était simple, si je peux le faire dans des bidonvilles, dans une culture que je ne connais pas, dans une langue qui n'est pas la mienne, le faire chez moi sera du gâteau.

De retour en France, je regagne mon anonymat, non pas que je sois devenue une rockstar en Inde et au Népal, mais je n'y passais pas inaperçue. Aujourd'hui, quand je me balade dans les rues, personne ne m'arrête pour me demander d'où je viens. Les seuls qui osent briser la glace sont ceux qui me demandent leur chemin, l'heure ou une pièce. Établir le contact nécessite obligatoirement une demande précise, sinon ce serait de la folie. Si je fais des grimaces aux enfants sans raison, les parents gênés m'offrent un sourire poli, tout en rappelant à Marceline et Léon, d'une voix inquiète, de « bien rester près de maman ». En me présentant à mon nouveau voisin, je lis un mélange de surprise et d'impatience dans ses yeux. Je doute que notre conversation de trois minutes dans les escaliers lui ait plu autant qu'à moi. Je l'imagine claquant la porte : « Désolée chérie, c'est la voisine qui m'a tenu la jambe pendant des heures. »

À Paris, je replonge dans ce monde où chaque échange doit être justifié et cela me décourage. J'ai peur de passer pour la marginale qui, au détour des Grands Boulevards, invite les passants chez elle à boire un thé. Ma soif de donner n'est pas si facilement exploitable. Je me fonds dans la masse, recule devant le risque de paraître bizarre. Cela ne me dérangeait pas quand j'étais là-bas. Ici, j'apprécie le confort d'être madame Tout-le-Monde, il m'est trop difficile d'en sortir. En outre, je n'ai plus ma cohorte de volontaires pour m'entraîner. Je n'ai pas non plus la couverture d'une organisation ou d'une mission. Me confronter au jugement des autres, sortir du cadre me paraît trop compliqué. Alors, je culpabilise de ne pas être assez avenante, j'ai même honte parfois. Je repense à tous ceux qui m'ont demandé : « Pourquoi tu pars à l'autre bout du monde pour aider les pauvres alors que tu pourrais aider ceux en bas de chez toi ? » Ceux à qui j'avais répondu fièrement : « Chaque chose en son temps ». Je me rends compte maintenant que ce n'est pas si facile. J'ai l'impression qu'ici, donner c'est aller à contre-courant et que cela demande une force extraordinaire. Heureusement, il y a mille façons d'être généreux. Si, pour moi, aborder des inconnus pour partager un moment ensemble n'est pas naturel, je reste tout de même attentive. Comme la vieille dame au bout du bus, j'essaie de regarder autour de moi pour me rendre utile le moment venu.

***

Ma présence dans les bidonvilles a soulevé de nombreuses questions. Ce que je gagnais à être là, était inconcevable pour certains. Alors que de nombreux habitants passaient leur vie à essayer de s'extraire de ce quartier, moi je m'y installais de plein gré. Que pouvais-je bien cacher ? C'est peut-être cette étrangeté qui a poussé Sam à m'imaginer sataniste ! Une chose est sûre, je ne considérais pas mes départs pour l'Inde puis pour le Népal comme des actes généreux. Ma motivation principale n'était pas les jeunes : je ne les connaissais pas encore. Je partais plutôt pour découvrir, mi par curiosité, mi par défi. Serais-je capable de m'adapter ? La petite bourgeoise parisienne tiendra-t-elle le coup dans des bidonvilles ? Il n'y avait aucun sens du sacrifice, aucun compromis. J'y gagnais sur tous les plans, j'allais voyager, plonger dans un nouvel univers et être utile. Ce n'étaient pas les besoins des autres que je voulais satisfaire, c'étaient mes ambitions. Aider gratuitement de mon propre chef était grisant, je voulais vivre cela au quotidien. Mais toute bonne chose a ses limites. Lors de ma formation chez LP4Y, j'ai compris que la générosité n'était pas une vertu sans condition. Elle pouvait aussi déséquilibrer les relations. « La main qui donne est au-dessus de celle qui reçoit. » La charité allait donc à l'encontre du climat que je voulais installer avec les jeunes. Aider n'était pas le bon mot, il fallait *accompagner* et surtout *responsabiliser.* Le jeune n'était pas un bénéficiaire du programme mais l'acteur principal du changement qu'il voulait apporter dans sa vie. Je me mis à différencier la générosité dont le point de départ venait de ce que j'avais à offrir, de celle qui partait du besoin des autres.

Dans le premier cas, le but principal est de se satisfaire soi-même en donnant, dans le second, elle n'est que conséquence fortuite. Le dalaï lama, lui, mêle les deux dans ce qu'il appelle *« l'égoïsme sage »*, le fait de comprendre *« qu'aider son prochain c'est s'aider soi-même »*. Encore faut-il savoir comment aider son prochain ! Grâce à leur expérience, les jeunes ont su m'éclairer sur le sujet.

12 janvier 2020. Ouverture officielle du Green Village Katmandou. Personne ne sait à quoi s'attendre. Malgré toute l'attention mise dans les préparatifs, nous baignons dans l'incertitude. Stress et excitation. Avec l'équipe, je révise le déroulé de la journée. En tant que coordinatrice, j'essaie de conduire notre petite réunion avec confiance et détermination, mais je sais que le pari est risqué. À 14 h, vingt jeunes femmes arriveront. Il faudra créer une cohésion, qu'elles comprennent le contenu du programme, qu'elles se forment pour ensuite trouver un travail. Lancées toutes les quatre, Julie, Rujita, Shanti et moi dans l'inconnu, il faudra nous adapter tous les jours pour tenir le cap. Rien ne nous assure le succès. Face à ces jeunes, le doute n'est pas une option. Recrutées aux quatre coins de Katmandou, certaines viennent même de villages au-delà de la vallée. En quittant leur famille et leur quotidien dans l'espoir de trouver quelque chose de meilleur, ce sont avant tout elles qui prennent des risques. Elles acceptent de nous faire confiance alors qu'elles n'ont aucune garantie. L'objectif de cette première journée est donc de les rassurer. Qu'elles se sentent accueillies et à l'aise.

14 heures sonnent. Assise au Welcome Desk, je relis les noms des jeunes, lorsque j'entends des pas dans la cage d'escalier. La scène d'un coup ralentit. Les quatre étages qui nous séparent me renvoient au prélude de ce lancement. Chaque pas, chaque marche résonne comme autant d'étapes franchies.

Premier palier : L'arrivée à Budhanilkantha, tout est à faire. Les nombreuses visites d'appartements pour finalement s'installer chez le maire de la municipalité. Les va-et-vient chez Urmila, propriétaire du centre qui deviendra le Green Village, nos négociations passionnées sur le montant du loyer et celui de la caution. Les « non » catégoriques et les « oui » résignés.

Les voix se rapprochent, je distingue à présent quelques rires excités.

Deuxième palier : Les rencontres avec les partenaires se concrétisent. À dos de moto nous parcourons ce Katmandou poussiéreux pour signer des accords. Les entreprises partenaires nous ouvrent leurs portes et nous faisons connaissance des premières jeunes intéressées.

J'entends le bruissement de quelques sacs portés à bout de bras.

Troisième palier : Je me teste au travail de RH en recrutant Rujita et Shanti. Notre cuisine ne sent plus le pain et le fromage de yak, mais les lentilles et la coriandre. Je découvre de près la vie à la népalaise. Pendant ce temps nous équipons le centre. La vieille ville n'a plus de secrets pour moi, je marchande la moindre roupie, jusqu'au prix des petites cuillères. Ces quatre étages, je me rappelle les avoir montés en portant tout cet équipement, les oreillers, les couettes, le bois des tables, les garde-manger en inox, tout y est passé.

À présent la voilà qui arrive. La première jeune. Elle ferme la marche des préparatifs et ouvre celle d'une toute nouvelle aventure. Mon cœur s'accélère… C'est parti !

— Good afternoon ! Can I help you with your bags ?

— No it's ok ! I am strong you know, me répond-elle.

Je ne l'imaginais pas comme ça. Jean, baskets et pull à capuche, moderne, dans l'air du temps. Ses cheveux coupés aux épaules n'ont rien à voir avec la longueur standard népalaise. Son regard n'est pas fuyant, ni inquiet ; il m'enveloppe d'une bienveillance évidente, une authenticité chaleureuse. Cette première impression me rappelle ma rencontre avec Hafsa, cette jeune de Djhalli, épluchant l'ail sur le pas de sa porte. Le voile en moins, elles dégagent la même énergie vive et malicieuse.

— So what is your name ?

— Sabitri ! Sabitri Basnet

Au Népal comme en Inde, les prénoms sont déroutants. Les associations inhabituelles de syllabes se mêlent aux consonances carrément imprononçables. La difficulté monte d'un cran lorsqu'il faut les retenir tous, ceux qui se ressemblent autant que ceux qui, à tous moments, me sortent de la tête. À mesure que je ferai connaissance avec Sabitri, son prénom s'intégrera complètement à sa personnalité. Sabitri, synonyme d'humilité. Sabitri, tête de proue du Green Village. Sabitri qui, par un hasard opportun, arrive la première aujourd'hui. Les sonorités exotiques de son nom désignent, par leur simple prononciation, son caractère décidé et persévérant si bien que je me demanderai comment j'ai pu un jour buter dessus.

Je retourne à ma table pour cocher son nom sur la liste et lui faire piocher le numéro du lit qu'elle occupera. Lorsqu'elle part dans son dortoir pour déballer ses affaires, je pouffe de joie. Je croise Rujita dans le couloir. Comme une petite fille qui rencontre enfin son idole je lui chuchote : « The first one is here! In the room… unpacking ! »

Pas le temps de m'attarder, d'autres jeunes arrivent. Chacune tire le numéro de son lit et découvre son dortoir. Elles arrivent au compte-goutte et profitent de leur installation pour faire timidement connaissance. Alors que nous sommes occupées à accueillir les nouvelles arrivantes, Sabitri s'improvise animatrice et se présente à chacune. Elle a eu le temps de s'approprier les lieux et s'empresse de les faire visiter à tout le monde. Débordante d'énergie elle vient même nous demander : « Can I help you with anything ? »

L'instabilité de la situation ne lui fait pas peur. Quand nous fermerons le centre à cause du Covid, quelques mois plus tard, je repenserai à cette première journée. Notre amitié les unes pour les autres nous poussera à envisager les adieux avec quelques larmes sous le masque. Pour certaines, l'idée de se quitter pour une durée indéterminée sera une grande source de tristesse. Cet esprit de famille, c'est en partie Sabitri qui, à travers ses remarques et ses gestes, l'a créé durant ses premières heures au Green Village. Sans jamais imposer son envie d'aider, elle a su identifier les besoins des autres et y répondre avec naturel.

Notre première semaine est intense. Les jeunes doivent découvrir beaucoup de contenu, le fonctionnement du Green Village, les micro-activités. Tout est nouveau, il faut s'accrocher. Notre groupe est très hétéroclite. Les jeunes femmes ont entre 17 et 26 ans. Certaines viennent de Katmandou, d'autres des villages. Certaines ont des enfants, d'autres non. Leurs situations sont variées, les raisons de leur présence au Green Village aussi. Les niveaux d'anglais et les parcours scolaires sont très divers. Certaines sont allées jusqu'au Bac, d'autres ont arrêté leurs études pour travailler et aider leur famille. Sabina Tamang, elle, n'est presque jamais allée à l'école. Elle nous a été présentée par le directeur de l'école voisine. Elle est originaire d'un village de Nuwakot, la région dans laquelle la misère m'avait tant choquée. Je retrouve la méfiance, alors ressentie, marquée sur son visage.

Les premiers jours sont laborieux. Nous redoublons d'attention mais son regard sévère ne se détend pas. Le lendemain de son arrivée, elle décide qu'elle veut rentrer chez elle. Coup dur. Rujita essaie tant bien que mal de la rassurer, de la convaincre qu'il faut se laisser du temps, mais son refus est catégorique, et ses arguments parfaitement compréhensibles :

— Je ne comprends rien. Les autres ont un meilleur niveau que moi, je les ralentis. Mieux vaut que je rentre.

J'insiste à mon tour :

— If you stay you could find a decent job and help your family, you know ?

Elle me répond :

— No, I will be a maid, it is ok, like my mother.

— But do you want to be a maid ? Do you enjoy cleaning and dishwashing ?

Son silence est une réponse. Je lui précise que LP4Y lui donnera le choix. Son travail ne doit pas être une fatalité mais peut être une liberté.

Je n'ai pas l'impression que mon discours, pourtant prononcé avec passion, soit efficace. Elle accepte tout de même de rester jusqu'à la fin de la semaine, et prendra sa décision ce week-end.

La journée se termine sur des cours d'anglais par groupe de niveau. Le regard de Sabina s'est encore assombri. En sortant de la salle elle fait non de la tête. Comment faire ? Je ne peux pas la garder ici contre son gré, c'est évident ! Mais la laisser partir, quel échec ! Je me creuse les méninges en fermant les salles, retourne à mon bureau pour discuter de la journée avec mes co-volontaires. À quatre nous trouverons une solution ! A peine ai-je le temps de m'asseoir que Rujita rentre dans la pièce en courant :

— Lucie, did you see Sabitri and Sabina ?

— No, I just sat down, why ? What happened ?

— They are upstairs in the kitchen, Sabitri decided to give an

English support class to Sabina, others are helping too.

Est-ce la fatigue des premiers jours, l'usure du froid de Katmandou, ou la décompression d'une journée bien chargée, toujours est-il que l'émotion me gagne. Le geste de Sabitri m'émerveille. Jamais Sabina n'aurait demandé de l'aide ! Même si elle avait osé solliciter Sabitri, la situation aurait été toute autre. Sabitri lui aurait alors fait une faveur. La richesse de son geste ne résidait pas dans le cours d'anglais en soi, mais dans l'attention portée. La générosité qui surprend, qui répond à un besoin que nous ignorons avoir, voilà celle qui est, pour moi, la plus touchante.

***

En regardant la portée de mes actions au sein de LP4Y, j'en ai conclu que ma générosité n'était pas exclusivement synonyme de don. Je n'étais pas là pour répondre à tous les besoins des jeunes à tort et à travers. La générosité efficace est plus nuancée. Pour accompagner les jeunes dans leur chemin vers l'intégration, le refus et l'exigence doivent parfois s'imposer. À mes débuts, je suis tombée de nombreuses fois dans le piège de l'indulgence. Jeune coach en herbe, je voulais que les jeunes m'apprécient. Je n'étais pas exactement un modèle de rigueur. J'octroyais souvent des exceptions à la règle. Moi qui avais souffert d'une école rigide et intransigeante, je projetais sur mon coaching ce qui m'avait manqué à leur âge, la souplesse et l'indulgence. Au fil de mon année à Bangalore j'ai compris les écueils de cette méthode. Par la suite, en partie malgré moi, j'ai pu vérifier les bienfaits de la contrainte.

La première journée de l'ouverture du Green Village se passe à merveille. Les dernières jeunes arrivent juste avant le dîner. Nous avons le temps de profiter des rayons du soleil couchant sur la terrasse. Quelques jeux et l'explication de l'emploi du temps de la semaine détendent l'atmosphère. Afin de ne pas déjà trop les solliciter, nous décidons de cuisiner nous-même le repas. Elles auront tout le temps de se familiariser avec la cuisine pendant les trois mois de formation. Une partie des volontaires se met donc aux fourneaux. Au menu ce soir, formule classique étudiant : pâtes-légumes. Si la recette n'a pas de secrets pour nous, la question des proportions reste un grand mystère. Cuisiner pour vingt personnes, c'est une première pour tout le monde. À la louche, nous remplissons la marmite de macaronis népalais. Je ne parle pas ici de belles pâtes fraîches recouvertes d'une pellicule de farine encore intacte. De celles qui, en 2 minutes, ont une texture al dente délicieuse. Les pâtes au Népal sont plutôt du style tout ou rien. Sans intermédiaire ferme et fondant, elles passent de l'état rocailleux à celui de polenta en une demi seconde. C'est donc avec l'angoisse de ne pas rater ce point d'équilibre que nous immergeons notre dîner dans l'eau salée. Tour à tour, chacune tient la garde auprès de nos précieux féculents. Minute après minute nous goûtons, vérifions, rien ne nous échappe. Les chronomètres sont réglés et la passoire prête dans l'évier. Bip bip bip. Nos quatre téléphones sonnent d'un coup. C'est le moment ! Portant l'énorme casserole à deux, nous nous dirigeons vers l'évier pour égoutter les pâtes. Notre recette a l'air de tenir le coup. Les légumes déjà épluchés et émincés n'ont plus qu'à faire un tour dans la poêle avant de rejoindre les dix kilos de pâtes qui siègent dans la marmite. Le tour était presque joué, mais au moment de les décoller pour y insérer les légumes, impossible ! La chaleur de la marmite a complètement altéré la cuisson et nous laisse avec un cake de pâtes. Rien à faire, notre dîner se réduit à ce bloc compact que nous devons couper à la spatule pour le distribuer à chacune. Nous appelons les jeunes à table. Conscientes de notre échec, il n'est pas encore temps d'avouer. Laissons-les découvrir le plat par elles-mêmes. Feignant une assurance inébranlable, nous guettons les réactions. Je n'ai pas besoin de parler népalais pour comprendre que notre plat les dégoûte. Moi-même j'ai du mal à finir mon assiette. Ce premier repas ne répond pas à leurs attentes. Certaines arrivent de loin, ont passé la journée dans les transports, ne rêvent que d'un dhal bhat[21] et d'une bonne nuit de sommeil. Notre accueil, pourtant maintes fois revu et répété, n'a pas été à la hauteur. Alors, je redoute un mouvement de rébellion. En France notre faux pas aurait sûrement engendré grèves et révoltes ! J'imaginais déjà les jeunes, banderoles et pancartes à bout de bras, scandant des slogans : « No more pasta ! No more pasta ! » Je ne pouvais pas laisser ça arriver, pas le premier jour, pas dès l'ouverture ! Perdue par ma volonté de satisfaire les jeunes, j'en oubliais l'absurdité de la situation. Certes, j'avais la responsabilité de les accueillir le mieux possible mais je n'étais pas cuisinière professionnelle. Ce centre était le leur. Pour démontrer notre incompétence en cuisine quoi de mieux que ce premier repas raté ? D'un air semi-sûre de moi, faussement solennel, je me lance dans une explication qui ne trompe personne :

— I know the pastas are not to your taste. I am glad to announce, we did it on purpose ! (Rires de l'assemblée).

L'humour, une nouvelle fois salvateur… Dans une mauvaise foi baignée de second degré, je retombe sur mes « pâtes ».

— We did it to show you that this is your center. If you want something you will have to make it happen, not wait for others to give it to you. But more than anything, don't count on us to

21 Plat typique népalais composé de riz et lentilles

cook because we need you !

La relation changeait d'office. Nous n'étions pas là pour les servir, ni elles pour recevoir. Le Green Village allait être un espace d'échange, chacune allait apprendre de l'autre. Notre image de blanche savante et cultivée s'écroulait. Les compteurs étaient remis à zéro. Pas de piédestal ! Au diable les préjugés ! Ce plat de pâtes devenait un symbole. L'heureuse maladresse se changeait en référence, en plaisanterie récurrente : « It is like the pasta, if you want it, you need to make it yourself. » L'événement nous aura tellement servi que la question s'est posée d'en faire une tradition, une sorte de bizutage culinaire pour les prochaines promotions. En une soirée, je parviens à instaurer ce qui m'avait été si difficile à mettre en place à Bangalore : responsabiliser les jeunes. Habituées à ce que je satisfasse leurs besoins, les jeunes comptaient sur moi plus que sur elles-mêmes. Cette fois-ci, sans le vouloir, nous avions transformé un échec en outil pédagogique.

Mais si restreindre peut être en tout point positif, à l'inverse donner n'est pas obligatoirement synonyme de générosité.

***

Avant de rejoindre le programme, certains jeunes travaillaient, pour la plupart dans des conditions indécentes, pratiquant des activités illégales pour un revenu minimal voire inexistant. Pour s'assurer de leur présence tout au long du programme, LP4Y a donc mis en place un système d'indemnité. Une fois par semaine, le coach vérifie un budget établi par le jeune. Une partie de la somme est consacrée à ses besoins essentiels : nourriture, loyer, produits d'hygiène… Le reste est épargné. L'argent ainsi mis de côté n'est débloqué que pour son intégration. Pour s'acheter des chaussures professionnelles, imprimer des CV ou payer les transports pour aller aux entretiens. Le solde lui sera remis lorsqu'il ou elle aura un travail depuis trois mois. Ce système qui a de nombreux avantages permet au jeune de comprendre l'intérêt d'une bonne gestion, de s'essayer à l'exercice et surtout de lui donner une perspective à long terme. C'est aussi une façon de préparer les jeunes au monde du travail. Les retards, absences injustifiées ou comportements inappropriés engendrent une diminution de cette indemnité.

À Bangalore, les problématiques étaient différentes. Les jeunes n'avaient tout simplement jamais eu de responsabilités liées à l'argent. Si, dans certains foyers indiens, les femmes comptent les ressources familiales jusqu'à la dernière roupie, ce n'était pas leur rôle à Djhalli. Avant d'ouvrir complètement le programme, Géraldine et moi animions des cours d'anglais, quelques heures par jour. Le but était de se faire connaître, de s'intégrer petit à petit dans le quartier. Le contenu a ensuite évolué vers une adaptation à mi-temps de la formation, pour habituer les jeunes au rythme soutenu de LP4Y. C'est à ce moment que nous avons commencé notre réelle installation.

À chaque lancement de projet, une des étapes les plus mémorables était la construction des tables. Quoi de mieux pour s'approprier les lieux que de confectionner ses propres meubles ? Pour les volontaires comme pour les jeunes, c'est un exercice formateur. Ce jour-là, je liste à Ayesha et Hafsa tout l'équipement nécessaire, planches de bois, clous, colle… et je leur remets le montant adéquat pour aller le chercher. C'est la première fois que je leur donne de l'argent. Immédiatement le malaise se fait sentir. Elles semblent ahuries de recevoir ces quelques roupies, me jurent de ne pas en avoir besoin. Je leur explique une nouvelle fois que cet argent n'est pas pour elles, mais pour aller chercher du matériel pour le centre. À leur retour elles devront me rendre la monnaie et le ticket de caisse. Elles rigolent nerveusement en se repassant les billets. Je dois insister pour les convaincre d'aller chez le charpentier, seules avec les sous dans les poches. Etait-ce par fierté qu'elles n'acceptaient pas cet argent ? Ou fuyaient-elles la lourde responsabilité des achats ? Peut-être ne voulaient-elles pas de cet argent gratuit, de peur de me devoir quelque chose en retour. Je prends donc soin de leur expliquer que ce n'est pas mon argent, mais celui de l'organisation, j'insiste en leur montrant tour à tour mon portefeuille et la caisse du centre. Je ne veux surtout pas qu'elles m'assimilent personnellement aux billets que je leur donne. Mais, vu leur réaction face à une situation aussi banale, je redoute de leur parler de cette fameuse indemnité.

Jusqu'alors, notre relation était basée sur le partage. Tu m'aides à m'intégrer dans la communauté, je t'apprends l'anglais. En leur donnant de l'argent, malgré tous mes efforts, je réendossais le rôle du blanc aux poches débordantes de dollars et qui donne à tout va par souci de bonne conscience. Il fallait que les choses soient claires, ce n'était pas de la générosité ! Certes, le donateur confirmant son paiement d'un clic sur le site LP4Y, sa carte bleue en main, pourrait s'indigner : « Comment ça, ce n'est pas de la générosité ? » Bien sûr, des financements généreux sont évidemment nécessaires à la conduite de tels projets, mais à ces moments précis de mes relations avec les jeunes, cette générosité n'était pas la mienne. En leur donnant de l'argent chaque semaine, je risquais d'être mal comprise et de n'être considérée que pour ça.

Lorsque Priya, cette jeune fuguant par amour à Chennai, m'avait appelé six mois plus tard pour me demander de retirer son épargne, mon refus avait été catégorique. Au téléphone, alors qu'elle m'expliquait que son père était malade, qu'elle avait absolument besoin de 3000 roupies (40€) pour le soigner, j'avais alors plusieurs raisons de lui refuser. Cet argent est destiné uniquement aux dépenses pour l'intégration professionnelle des jeunes et il ne peut être retiré que si ceux-ci viennent au centre régulièrement. Pourtant, je ne suis pas à l'aise. Cet argent, elle l'a en quelque sorte gagné. Elle est venue pendant un temps, a participé à la formation, c'est donc le sien. De quel droit, lui en interdisais-je l'accès ? Dans cette situation, lui donner son épargne c'était m'éloigner de la pédagogie de LP4Y, du sens de mon travail. Une nouvelle fois, je recevais une leçon d'humilité. Je n'étais pas là pour satisfaire ses besoins quels qu'ils soient. L'accompagner, c'était réfléchir au moyen d'acheter les médicaments tout en la rendant entièrement indépendante. Outre mes hésitations, je fus surtout frustrée par sa requête. Elle me demandait en urgence la seule chose que je ne pouvais pas lui accorder. Pour la coach que j'étais, l'argent n'était qu'un outil pédagogique visant à responsabiliser. Ma générosité était ailleurs, dans mon travail et mon écoute, c'est cela que je pouvais lui donner sans compter. Mais ce n'était pas ce qu'elle me demandait à cet instant.

Face à cette nouvelle relation pécuniaire avec les jeunes, ma propre perspective a changé. Comment savoir si ces jeunes ne venaient pas uniquement pour l'argent perçu ? Je devenais suspicieuse, chaque retard ou absence changeait mon regard sur elles. J'en venais même à leur en vouloir. Persuadée qu'elles se jouaient de moi pour obtenir quelques roupies de plus, je perdais ma bienveillance envers elles. Au bout de quelque temps ma méfiance systématique s'est dissipée. Après tout, quel intérêt avais-je à traquer ainsi les motivations de ces jeunes ? Était-ce le plus important ? Ne changeaient-elles pas au cours des neuf mois que durait le programme ? Quand bien même l'argent serait le seul but, quel mal y aurait-il ? N'en retireraient-elles pas autre chose aussi ?

Il m'a toujours semblé que la générosité était bénéfique, d'une façon lisse et trop évidente. C'était pour moi un concept vague qui n'éveillait pas ma curiosité. Pourtant, en écrivant ce pilier, je découvre que cette générosité a des reliefs insoupçonnés, des nuances qui me questionnent encore.

GRATITUDE

Je relis mes carnets. Durant ces trois années, j'ai régulièrement écrit sur mes humeurs, mes anecdotes et les péripéties de ma mission. Je remarque qu'il n'y a pas une page où ne s'exprime ma gratitude de vivre de telles expériences. La mission ne se laisse pas vivre sans prendre de la hauteur. D'ailleurs, une de mes motivations à partir était liée à une soif de recul. Je voulais un électrochoc, me rendre compte de la chance que j'avais d'être bien née, au bon endroit, éduquée, aimée. Et prendre conscience de tout cela sans sortir de son quotidien était impossible. Il fallait prendre une décision difficile. Changer de vie.

2016. Deux ans que j'occupe un poste de comptabilité pour une chaîne d'hôtel. Je suis à Mallorque où je travaille depuis le début de l'été dans un hôtel de luxe saisonnier. Ensevelie sous mes factures, je partage mon bureau avec mon patron, un quarantenaire vulgaire et misogyne, et une collègue espagnole avec qui je ne partage rien. Cocktail parfait pour plonger dans la déprime. Comment suis-je arrivée ici ? Je ne sais pas. Malgré la plage et l'été interminable, le quotidien est morne. En bas à droite de mon écran, le seul élément qui me fait vivre d'intenses émotions : l'heure qui tourne. Je regarde sans cesse cet indicateur sadique qui ne fait que ralentir. Pourtant, je développe une addiction à le consulter sans cesse lorsque je compte, vérifie et calcule les millions d'euros que brasse l'établissement. Mon compte me paraît bien vide à côté de l'énergie que je dépense à travailler ici. À la pause déjeuner, je passe du temps sur mon téléphone, absorbée par les images des vagues de réfugiés et des problématiques d'inégalités sociales. Quand je retourne à l'hôtel, je me sens presque malade en voyant les magnums de Veuve Clicquot à 200 € servis sur des chars décorés. Vais-je vraiment passer ma vie à faire la fourmi, à alimenter par mon travail, ce style de vie superflu ? Rien de ce que je fais ici ne me ressemble. L'insatisfaction devient trop grande. Il faut que ça change, quel vertige ! Quitter l'hôtellerie, mais pour faire quoi ? À l'heure où tous mes amis en master cherchent leur stage de fin d'étude ou entament leur premier CDI, moi j'en suis déjà à changer de voie. Prendre en main cette partie de ma vie alors qu'elle m'a toujours semblé m'échapper, me plonge dans une perspective aussi grisante qu'effrayante. Dès le lycée, j'étais sûre que le système qu'on me vendait ne me conviendrait pas, les études supérieures, le CDI, la carrière en tant que cadre supérieur dans une entreprise internationale de renom. J'avais déjà ce fantasme de vivre une vie différente de celle qui était prévue pour moi. Mais en éternelle indécise, mon choix s'est dessiné plus lentement. J'avais une peur panique de prendre la mauvaise décision, de regretter dans quelques années, perdue dans un chômage sans fin. Après tout, étais-je si frustrée dans mon travail ? J'avais maintenant peur d'être trop naïve. Qu'est-ce que ça voulait dire « donner du sens » ? N'est-ce pas quelque chose que je pourrais faire à côté de mon travail ? Devenir bénévole dans une association de quartier me suffirait-il ? Je ne pensais qu'à ça. À mesure que la fin de la saison approchait, je sentais la courbe du virage s'accentuer de plus en plus. J'étais tétanisée à l'idée de me prendre un mur. A posteriori, je rectifierai l'image, la route n'était pas entourée de mur et de falaises, sans le savoir je circulais dans un désert sans obstacle. « La décision que tu prends est toujours la bonne », dit souvent ma mère. Je n'avais évidemment aucune certitude. Lorsque je refuse le poste qui m'est proposé à la suite de mon CDD, je suis à deux doigts de rappeler la RH. Puis, peu à peu, je me sens soulagée. Tout ce qui s'est déroulé par la suite, ma rencontre avec les jeunes et les volontaires, les enseignements que j'allais tirer de ma mission, tout cela découlait d'un premier élan que j'ai moi-même initié. Pour cela, je me remercie. Mon réel départ en mission ne fut pas mon décollage pour Delhi, ni même l'enregistrement de mes bagages à Roissy, mon départ s'est joué à cet instant. Celui où, comme ces jeunes que j'allais rencontrer j'ai décidé de m'écouter, et de me faire confiance.

***

Il me semble que la gratitude n'apparaît que lorsque je compare mon état actuel à une situation passée connue. C'est une histoire de référence. Petite, lorsque je ne voulais pas aller à l'école, mes parents étaient les premiers à me dire : « Tu ne te rends pas compte de la chance que tu as. Pense à tous ces enfants qui n'ont pas accès à l'éducation ! » Évidemment je ne me rendais pas compte ! Tout cela me paraissait flou. Ma vie se cantonnait aux jours avec école et aux jours sans, la gratitude n'apparaissait que le weekend. Lors de mon changement de carrière, je me suis sentie perdue et vulnérable. Une fois ma voie trouvée j'étais accomplie, épanouie. Par rapport à avant, j'ai amélioré ma situation, je me sens donc reconnaissante.

En nous projetant dans une nouvelle réalité, la mission nous pousse à la gratitude. Je vivais l'extraordinaire au quotidien. Face aux Himalayas ou dans le désert du Thar, il est simple de prendre du recul et de réaliser sa chance, l'environnement s'y prête. Mais d'une autre façon, même les désagréments pratiques et les difficultés partagées avec les jeunes suscitent une certaine gratitude car je sais que tout cela n'est pas ma vraie vie. Je suis là par choix, je peux par ma simple volonté, partir, retrouver sécurité et confort. Plus largement, cette différence de réalité entre ma mission et la vie que je connaissais avant, m'a permis d'avoir beaucoup plus de distance par rapport aux évènements. Il m'était plus facile d'expérimenter les huits piliers de la joie et de m'émerveiller. Tout était nouveau. Je pouvais décider de garder le bon et d'ignorer le mauvais puisque celui-ci n'était que temporaire. Dans cet état d'esprit curieux et tranquille j'ai pu être spectatrice de moments exceptionnels.

Voilà seulement quelques jours que je suis arrivée au Népal. Je prends mes repères dans la ville, même si le simple mot de Budhanilkantha me paraît toujours imprononçable. Pauline étant en déplacement, j'ai deux semaines pour découvrir et m'installer. Notre appartement temporaire se trouve en face de la maison de Saru et Pramod. J'en profite pour leur rendre visite régulièrement et partager de bons moments avec leur bande de bénévoles. Mais aujourd'hui n'est pas un jour comme les autres, nous sommes tous sur notre trente-et-un. C'est le mariage du fils du maire. Je ne connais pour l'instant ni le père ni le fils, par la suite j'habiterai chez eux pendant presque un an. Cela ne m'empêche pas, comme des centaines d'autres invités, d'assister à ce moment unique de leur vie de famille.

C'est la première fois que j'assiste à un mariage népalais. Les femmes en sari aux couleurs rouges et vertes, ornées de broches en or et de colliers de perles, dansent au son d'instruments étranges. Des cors spectaculaires résonnent dans le jardin et accueillent les invités en une haie d'honneur cacophonique. Flûtes et tambours rythment les pas de la mère du marié qui, un bras en l'air, l'autre vers le sol, tourne ses poignets avec grâce et délicatesse. Le clinquement de ses bracelets épouse le phrasé de la musique et, dans une synchronisation qui m'échappe, s'arrête net lorsque le dernier coup de tambour retentit. Le marié, lui, est vêtu de façon tout à fait originale. Son ensemble, couvert de broderies dorées, est assorti à son topi, ce petit chapeau typique népalais. Il porte autour du cou un collier fait de verdure, dont le sens m'intriguera tout au long de la journée. Il ne participe que peu à l'effervescence de l'instant et reste immobile face à cette foule qui s'empresse de le féliciter. Lorsque les cors se taisent, c'est à son tour de rentrer dans l'action. Il tourne autour de l'autel du jardin en jetant des poignées de riz sur les divinités, sous le regard attentif du prêtre brahman. Alors qu'il suit assidûment le protocole dicté par des traditions millénaires, je suis le mouvement et prends place dans l'un des cars stationnant devant la maison afin de rejoindre le lieu principal de la fête. À notre arrivée, derrière une barrière de photographes ameutés, nous découvrons le sujet de cette excitation, la mariée. Enveloppée dans des couches d'interminables tissus, le sourire figé face aux flashs qui ne s'arrêtent pas, elle prend la pose. Son voile rouge, décoré de mille perles et sequins, recouvre sa coiffure ultra-laquée. Fond de teint blanc, sourcils crayonnés en deux gros blocs, entre une geisha et Kim Kardashian. Lorsque le marié la rejoint, c'est à peine s'ils échangent un regard. Debout sur une estrade, ils se prennent maladroitement les mains. Est-ce un mariage arrangé ? Se sont-ils déjà vus ? Sont-ils tous les deux consentants ? Saru est heureusement là pour m'éclairer sur le sujet. Ce sont leurs parents respectifs qui se sont choisis. Puis

Prabeen et sa future femme se sont rencontrés. Pendant un an, ils se sont vus à plusieurs reprises avant de se dire oui. J'imagine donc leur gêne en affichant ainsi leur affection l'un pour l'autre, alors qu'ils ne se connaissent pas vraiment. Tandis que les invités continuent à rentrer, sortir, s'asseoir ou grignoter au buffet, les mariés, concentrés, exécutent un programme millimétré. Pendant près de deux heures, le prêtre leur dicte un à un les gestes qui les uniront pour toujours. Même si je ne comprends rien à la signification de ces coutumes, même si les mariés eux-mêmes ont l'air un peu perdu, je plonge dans la féerie du moment. En fond, la voix du prêtre, grave et rythmée, donne un ton solennel à la scène. Sous un chapiteau construit de bambou et de feuilles de bananiers, se tiennent les mariés. Au centre, une petite flamme vacille vaillamment. Tout autour, des offrandes, des fleurs et des fruits qui colorent le parterre et la fumée de l'encens qui flotte. Je plonge dans un monde enchanté. Je me laisse envoûter par tous ces rites mystérieux. Dans un chaudron de cuivre, la mariée lave les pieds de son mari. Plusieurs fois ils se lancent des pétales de fleurs et s'appliquent la tikka, ces grains de riz colorés en rouge que l'on place au milieu du front, en signe de bénédiction. Ils se lèvent en silence et font sept fois le tour de la flamme. À chaque passage, la mariée éteint de son orteil une allumette placée sur une pièce de monnaie afin d'éloigner les malheurs. Au dernier tour, le couple se rassoit. La famille de la mariée lui place alors sur le front un large drap blanc et trace une ligne de poudre vermillon de l'extrémité du drap jusqu'à la racine de ses cheveux. Vive les mariés ! Applaudissements.

Je n'avais rien fait pour mériter ce spectacle, il s'offrait à moi comme un cadeau. Mais la mission n'est pas uniquement faite de ces moments de grâce, elle recèle aussi de petits gestes banals, des rencontres quotidiennes qui touchent et rassurent. Certaines personnes resteront gravées dans ma mémoire, pour m'avoir rappelé la chance que j'avais de vivre à leurs côtés. La femme du maire, par exemple, celle-là même dont j'admirais les pas de danse un an auparavant. Installées avec Julie dans la dépendance de leur jardin depuis quelques jours, nous l'entendions déjà crier à tue-tête « DjouliLouchi, LouchiDjouli ! » Elle ne cessait de prendre de nos nouvelles et de s'assurer que nous ne manquions de rien. Elle travaillait courageusement dans son potager, se gelant mains et pieds l'hiver venu, mais trouvait toujours un moment pour préparer un bon repas pendant les jours de fêtes. Elle nous invitait avec fierté, insistant autant que possible, pour partager un moment avec nous. Elle s'est rapidement révélée comme notre maman népalaise, sa présence au quotidien était réconfortante. D'autres aussi me marqueront par leur douceur, comme Anju, employée à l'école de Saru. L'internat se trouvant juste derrière notre maison, elle passait tous les jours dans notre jardin. Travaillant sur la terrasse les jours de beau temps, je pouvais l'entendre passer derrière moi. Parfois elle s'arrêtait et jouait avec mes cheveux en prenant de mes nouvelles. Le soleil me chauffait le dos, j'étais en présence d'une amie.

Ces moments étaient précieux, ils me procuraient une joie immense, mais le cœur même de ma gratitude était autre part, auprès des jeunes. Au cours du programme, chaque jeune franchit, une à une, les étapes importantes qui rythment son parcours. Ce sont les graduations, des remises de diplôme qui, tous les deux mois environ, les encouragent à persévérer et leur attribuent des responsabilités en fonction de leur ancienneté dans l'équipe. Les deux premiers mois, le jeune est en Autonomy step. Il découvre le centre, prend ses marques, apprend à travailler en équipe. Il passe ensuite en Responsibility step. Une étape qui l'incite à assumer sa responsabilité dans l'équipe, notamment au sein des départements de la micro-activité. Enfin, le jeune termine son parcours en Management step, il devient le senior de son équipe, guide l'organisation du programme et transmet ses connaissances aux juniors avant de se dédier entièrement à sa recherche de travail. Pendant près d'un mois, il développe ses compétences en gestion. Le coach ne devient qu'un soutien.

Mon cas était particulier puisque nous étions, avec Géraldine, en ouverture de projet. Lorsque Ayesha et Hafsa ont rejoint le programme, elles n'avaient pas de managers donc pas de guide. Quant à moi, je n'étais pas vraiment sûre de moi. Avec Géraldine et quelques autres jeunes qui constituaient le noyau de notre équipe, nous avons créé de toute pièce le centre de Bangalore. C'est leur énergie, leur impulsion qui a permis au projet de grandir. Leur cérémonie d'entrée en Management step restera, pour moi, inoubliable.

Nous avions organisé un superbe pique-nique. Dans des ramequins en acier, nous empilions les sauces pimentées, les currys de légumes et la soupe de lentilles. Le temps d'une matinée, le centre s'est transformé en cuisine de restaurant. Alors que l'organisation de la micro-activité me donnait sans cesse du fil à retordre, lorsqu'il s'agissait de cuisiner, les jeunes devenaient des professionnelles en logistique. Notre installation au parc s'est faite tout aussi naturellement, ce sont elles qui m'ont entraînée, je n'ai fait que les suivre. Lorsque vint la remise de diplôme, chacune fit son discours, expliqua ses motivations de poursuivre au sein de LP4Y. Ayesha et Hafsa furent les dernières à prendre la parole. Les voir atteindre la dernière étape de leur cursus, avec cette assurance m'a émue. Face à un groupe de jeunes femmes qu'elles ont elles-mêmes recrutées, rassurées et accompagnées, elles sortaient de l'ombre et se positionnaient en leaders fières et indépendantes. Cette satisfaction-là, celle de les voir maîtresses de leur situation et responsables de leur succès m'a causé plus de gratitude que n'importe quel autre évènement. Je constatais leur cheminement, me rendais témoin de leur épanouissement personnel. Ce que représentait le diplôme qu'elles avaient entre les mains était immense. Je repense alors à la phrase de Jean-Marc s'adressant aux jeunes lorsque j'assistais à ma première graduation à Delhi : « Your success is our diploma. »

Les graduations ont fait partie des moments clés de ma mission. Au cours de ces trois ans, chaque cérémonie m'a incité à regarder le chemin parcouru et intensifiait du même coup ma gratitude. La dernière fût la plus spectaculaire.

Après des aux revoirs déchirants, les trois mois de confinement au Népal nous ont mis à rude épreuve. Installées chez elles dans des villages lointains, les jeunes étaient parfois difficiles à joindre. CV et entretiens n'étaient plus leurs priorités. Beaucoup aidaient leur famille dans les champs. Freinées dans leur élan, nous savions que le risque d'abandon était élevé. Nous redoublions d'efforts. Nous devions soigner notre cohésion qui paraissait si évidente lorsque nous étions réunies. La situation demandait beaucoup d'adaptation, d'acharnement même. Nous devions surtout leur rappeler que notre soutien demeurait inchangé, qu'elles pouvaient compter sur nous. Rujita passait ses journées à les appeler une par une, répertoriant celles qui n'avaient plus de recharges téléphoniques ou de bouteilles de gaz, et celles qui faisaient des emprunts aux vendeurs de légumes pour pouvoir manger. Pour chacune, nous essayions de trouver des solutions. À côté de cela, nous anticipions leur retour, nous les préparions au déconfinement.

Finalement, mi-juin, le pays rouvrit partiellement, les transports ne circulant pas entre les régions, seulement la moitié de la promotion pu reprendre le programme. Nos retrouvailles se firent avec un petit pincement au cœur. Dix lits étaient toujours vides ; l'absence de la moitié du groupe se faisait sentir.

Nous avions eu du temps, beaucoup de temps pour préparer ces semaines de reprise. Je pensais revivre le lancement du Green Village à l'identique, devoir être partout, m'occuper encore une fois des commandes, des menus, de l'organisation des équipes cuisines et vaisselles. C'était sans compter sur la transformation que le confinement avait opérée sur les jeunes. Dès notre première semaine, l'ambiance au centre avait complètement changé. Nous n'étions plus les hôtes chargées du déroulement du programme, nous devenions des invitées. Le centre était leur deuxième maison. Heureuses de se retrouver sous le même toit, elles redoublaient de motivation. Le changement était extraordinaire. Leur efficacité me bluffait. Consciente de la difficulté que représentait leur entrée sur le marché du travail en cette période, je leur répétais constamment que leur recherche allait sûrement prendre du temps, qu'il ne fallait pas se décourager. Mais, en vraies guerrières, elles ont en un rien de temps décroché un contrat de travail.

Afin de marquer la fin de leur parcours et célébrer leur départ dans la vie active, nous organisons avec les jeunes du centre de Jagritinagar, un évènement historique, la création du Stars Club Népal. Ce réseau des alumni est un symbole concret d'accomplissement et de réussite. C'est une façon de passer le flambeau et de partager avec les jeunes la responsabilité du projet. Lorsque dans leurs polos noirs, communs aux anciens de LP4Y de tous les pays, je les vois signer la charte et prendre leur dernier diplôme, je suis émue. Côte à côte, les premières jeunes que nous avons accompagnées avec Jeanne, lorsqu'elle donnait encore des cours d'anglais à Jagritinagar, et les jeunes du Green Village représentant une autre période de ma mission. Lorsque Sabitri est élue présidente, je la revois monter les escaliers du centre portant ses sacs, excitée de rejoindre l'aventure, guidant les nouvelles arrivantes avec aisance. Elle assure maintenant la continuité du travail que Julie et moi avons commencé il y a un an. Quand Pauline et moi prenons la parole face aux jeunes, à Saru et aux autres volontaires, les larmes sont difficiles à retenir. Mon départ est proche, c'est probablement la dernière fois que nous sommes réunies, alors je prends le temps. Je voudrais leur exprimer toute ma gratitude. J'aimerais trouver les mots pour qu'elles comprennent tout ce qu'elles m'ont apporté, leur transmettre mon admiration et amplifier leur confiance en elles. Qu'elles se voient comme je les vois. Nous retraçons les événements qui nous ont conduits jusqu'ici depuis notre arrivée au Népal. Au fil de notre discours, je sens la reconnaissance se mêler à la nostalgie.

Les beaux moments que je décris appartiennent au passé, le futur a quelque chose de moins excitant. Encore une fois, la joie est une histoire de choix. Je peux regretter que cette période touche à sa fin, que je ne revivrai pas deux fois ces moments, ces amitiés, ou bien je peux décider de regarder tout ce qui m'a transformé, et me réjouir. Laisser le passé où il est et vivre le moment présent. Comme l'indique *Le Livre de la Joie*, il s'agit de regarder du côté de l'abondance plutôt que du côté du manque. Certains soutiendront que la contemplation est inutile, qu'elle incite à l'inaction. Le manque permet d'avancer, de s'améliorer et de trouver des solutions. L'insatisfaction est moteur, la peur les pousse à toujours faire plus. Mais est-ce une façon de vivre dans la joie ? La gratitude ne nie pas les aspects négatifs mais encourage à en choisir l'interprétation. Lors de cette cérémonie, je décide de m'abandonner à ce sentiment. Je n'efface pas les obstacles passés et à venir, je ne ferme pas les yeux face aux peines et aux difficultés, mais devant la puissance de cette expérience je me sens extrêmement chanceuse. Douglas Abrams termine le chapitre avec cette phrase :

« La gratitude nous aide à retenir, célébrer et apprécier chaque jour, chaque moment avant qu'il nous échappe dans le sablier de l'expérience. »

***

Tous les six mois, un changement s'opère dans les équipes. Certains volontaires changent de centre, d'autres arrivent ou rentrent chez eux. C'est un moment que je redoute. À l'idée que mes compagnons de route partent vers de nouveaux horizons, je les regrette déjà. Heureusement, un outil me rappelle l'importance de dire merci. Par tradition et pour chaque volontaire en fin de mission, ses colocataires recueillent dans un carnet, des mots et photos de tous les jeunes, collègues et amis l'ayant côtoyé. J'étais triste de les voir partir mais j'appréciais ce moment de recul que requiert la rédaction. Écrire pour l'autre, choisir l'anecdote qui le touchera, voilà qui me remplissait de joie. De ce sentiment est né mon envie de transmettre mon expérience dans un ouvrage. Je voulais être certaine d'avoir profité au maximum, de n'avoir aucun regret. Tourner mon regard sur ce que j'ai gagné plutôt que pleurer sur la fin de l'histoire.

L'écriture m'a permis de ne rien perdre, de prolonger mon voyage. Au retour, ma référence devient ma vie là-bas, celle des jeunes aussi. Maintenant que j'ai rencontré ces femmes dont parlaient mes parents pour me faire aller à l'école, maintenant qu'elles ont des noms et des visages, je comprends mes privilèges. Je me réveille chaque matin en pensant à la journée simple et tranquille qui m'attend, je m'imagine la leur et ce qu'elles auront à traverser. A mon retour et pendant des semaines, j'ai refusé de passer à autre chose. Je savourais à l'excès chaque plaisir retrouvé car ils me permettaient, à travers le souvenir d'un manque passé, de me replonger dans ma mission.

J'ai redécouvert les trottoirs, les supermarchés et le métro, je profite maintenant du confort qu'ils m'apportent. Le décalage entre ma vie en mission et en France, me rend reconnaissante, mais il m'empêche aussi de me réintégrer sereinement. Personne n'apprécie quelqu'un qui rabâche sans cesse qu'au Népal, ils font comme-ci et en Inde comme-ça, mais je n'arrive pas à faire autrement. Je m'agrippe à mon expérience comme à une corde suspendue au-dessus du vide. Je ne veux pas lâcher mon sentiment de gratitude et replonger dans une vie que je considère morne et sans extase. Pourtant, je n'y échappe pas. Le temps fait son œuvre. Peu à peu, cette référence s'estompe. Je demeure, comme chacun, face à la réelle difficulté de la gratitude, celle qui demande un effort considérable, celui de s'émerveiller des petites choses du quotidien. Sans référence, sans comparaison. Apprécier sa vie pour ce qu'elle est.

Devant ce nouveau défi, le volontaire part avec un avantage qui me paraît considérable. Tout au long de mon expérience, je me suis demandé de quelle façon la mission m'a changée. Quelles parties de moi sont restées intactes ? Quelles sont les grandes découvertes, les convictions renforcées ou disparues ? Je ne suis certainement pas au bout de mes surprises quant aux répercussions que ces trois ans ont eues sur moi, mais j'en ressors avec une conviction.

Dans cette quête de la joie, les jeunes ont une longueur d'avance. Vivre sa vie comme un combat, constamment dans l'urgence, demande d'être éveillé et alerte. Face à la violence de leur quotidien, les huit piliers se dressent alors comme seul socle pour avancer. En ne touchant qu'à l'essentiel, la survie leur enseigne philosophie et résilience. Mais bien que certains révèlent une richesse intérieure étonnante, vivre dans la peur du lendemain les empêchent, à mon sens, de vivre sereinement.

Je m'observe alors, moi, bercée par ma vie paisible et confortable. La lecture du *Livre de la Joie* n'avait rien d'une nécessité mais s'inscrivait plutôt dans une démarche intellectuelle curieuse. Rien ne me poussait à appliquer ces huit piliers, ni même à y réfléchir. Engourdie par une société protectrice, je me laissais aller aux événements.

Après dix mois passés à Bangalore, je suis rentrée à Paris pour quelques semaines de vacances. J'ai redécouvert toute l'organisation de notre société, notamment celle des transports. En Inde, pour aller d'un point A à un point B, il faut se frayer un chemin. Le peu d'informations des panneaux d'affichages sont en langue étrangère. Je ne connais généralement rien de mon itinéraire, m'élance dans mon voyage sans en connaître les étapes. J'ouvre l'œil. Dans les gares, je dois être attentive, ne pas me laisser embarquer par la foule, questionner les passagers pour être sûre de monter dans le bon train. Toujours vigilante. Dans les bus, pas de nom d'arrêts, pas de distributeurs de tickets. Trouver sa route demande effort et détermination. Je me débats dans ce désordre anarchique, mais au moins, tout est possible. Lorsque j'appelle le chauffeur de bus qui m'emmène à Pondichéry ou à Goa, pour le prévenir de mes quelques minutes de retard, il me répond « ok, but come fast ! ». Tout est adaptable, négociable. À l'inverse, de retour en France, assise en première classe pendant cinq minutes pour recharger mon téléphone, le contrôleur, inflexible, me menace d'une amende. « La consigne, c'est la consigne ! » A Châtelet ou Gare de Lyon, même sentiment, tout coule de source, les sentiers sont battus. Je ne décide plus par moi-même, ne trace plus ma propre voie. Somnolente, je me laisse simplement emporter par un flux réglé et systématique. « Prochain train dans deux minutes, le suivant dans cinq minutes… Ce train desservira les gares de Aix-en-Provence et de Marseille St-Charles, terminus Nice Ville »

Expliqué, anticipé, renseigné. C'est si pratique ! Pas besoin de parler, pas besoin de réfléchir. L'Inde à côté est un joyeux chaos. Mais il me tarde d'y retourner, il me semble que ce confort momentanément retrouvé m'ôte l'énergie que je mettais à atteindre ma destination. À rester endormie jusqu'au bout du trajet, je me sens privée d'une certaine liberté.

Je me rends compte alors qu'avant de partir en mission, les transports tout comme le reste de mon quotidien m'apportaient un sentiment de sécurité douillet difficile à remettre en question. J'avais l'éducation, la santé, la justice, les infrastructures, tout ce qui, en théorie, me permettait de vivre en paix, et pourtant j'avais le luxe de dire : « Quelque chose manque. » Sans être stimulée dans ma routine à réfléchir sur les piliers de la joie, c'est auprès des jeunes que je les ai découverts, que j'ai réellement compris leur sens et leur importance. En vivant à leurs côtés, je me suis imprégnée de leur réflexion et de leur perspective.

Aéroport International Tribhuvan, Katmandou. Je prends place dans l'avion, range mon sac à main sous le siège d'en face. Je lirai plus tard les mots que m'ont écrit les volontaires. Je pose mon passeport sur ma tablette et me fige. Ce petit carnet rouge, ce symbole de mon appartenance à la société que je vais rejoindre, de l'ordre et du confort, me replonge dans les péripéties des derniers jours. Mes heures passées à sa recherche sont à l'image des leçons que je rapporte dans ma valise. Je garde comme trésors le courage et la résilience de Saraswati, la gentillesse de Sabitri, l'espoir d'Hafsa et la détermination de Priya. Je repars comblée et grandie.

L'avion décolle. Que l'aventure commence !

REMERCIEMENTS

Merci aux jeunes et à leur famille. Merci aux habitants des communautés dans lesquelles j'ai vécu. Merci aux voisins, aux vendeurs, aux guides improvisés, aux hôtes anonymes, sincères et bienveillants. Merci à toutes celles et ceux qui, de manière anodine, simplement en partageant un peu de leur quotidien, m'ont fait vivre des moments de joie inoubliables.

Merci aux volontaires de LP4Y. Aux tout premiers, Jean-Marc et Laure Delaporte, mais aussi à tous ceux qui ont suivi et qui ont mis de leur énergie pour bâtir ce projet. Merci tout particulièrement à celles qui m'ont accompagnée lors de mes trois ans de mission et qui restent encore aujourd'hui des piliers dans ma vie.

Je remercie toutes les personnes qui m'ont aidé à la réalisation de cet ouvrage.
Merci à celles et ceux qui ont fait partie de l'étape de réflexion, qui ont pris le temps de m'écouter et de réfléchir avec moi.
Merci aux relecteurs pour leurs yeux de lynx et leurs bons conseils.

Merci à ceux qui m'ont éclairé dans mes recherches de maison d'édition. Ceux qui, grâce à leur expertise, m'ont aidé à ouvrir des portes et à prendre les bonnes décisions.
A tous ceux qui m'ont épaulé dans la confection du livre : la préface, le choix du titre, la mise en page, la première de couverture, le choix de l'impression, je les remercie pour toute leur implication, leur soutien et leur patience.

Enfin, merci à ma famille, en particulier à mes frères et sœurs et à mes parents pour leurs encouragements et leur amour.

SOMMAIRE

NOTE DE L'ÉDITEUR

Ce récit est publié par Youth 4 Change Network (Y4CN). Cette maison d'un nouveau genre se veut l'éditeur des justes causes et des combats d'aujourd'hui, ceux dont le monde à tant besoin pour relever les nombreux challenges du XXIe siècle.
Pour tenter ce pari, Y4CN rassemble une équipe d'auteurs et de professionnels qui soufaitent s'engager bénévolement.
En s'affranchissant, autant que possible, des contraintes économiques et des contraintes de diffusion, Y4CN distribuera ses ouvrages prix les plus bas et par tous les moyens, ouvrant au plus grand nombre l'accès aux contenus de ses auteurs.

Pour toute correspondance : info@y4cn.org

Printed in Great Britain
by Amazon

80896888R00113